U0574646

社区心理学研究（第四卷）

COMMUNITY PSYCHOLOGY

Vol. 4

中国心理学会社区心理学专业委员会
重庆市人文社会科学重点研究基地
西南大学心理学与社会发展研究中心
主办

黄希庭 ◎ 主编

社会科学文献出版社
SOCIAL SCIENCES ACADEMIC PRESS (CHINA)

《社区心理学研究》编委会

主　　编　黄希庭

副 主 编　陈　红　韩世辉　马建青　毕重增（常务）

编委会成员（按姓氏拼音排序）：

陈秋燕（西南民族大学）
邓　铸（南京师范大学）
董圣鸿（江西师范大学）
符明秋（重庆邮电大学）
郭秀艳（华东师范大学）
郭永玉（华中师范大学）
韩布新（中国科学院心理研究所）
胡金生（辽宁师范大学）
黄冬梅（吉林大学）
李宏翰（广西师范大学）
李祚山（重庆师范大学）
刘电芝（苏州大学）
刘志宏（武警警种学院）
苏彦捷（北京大学）
王振宏（陕西师范大学）
吴薇莉（西华大学）
夏凌翔（西南大学）
许　燕（北京师范大学）

杨　波（中国政法大学）
尹可丽（云南师范大学）
游旭群（陕西师范大学）
张　奇（辽宁师范大学）
张建新（中国科学院心理研究所）
张文新（山东师范大学）
张志杰（河北师范大学）
赵国祥（河南大学）
赵俊峰（河南大学）
郑剑虹（岭南师范学院）

主办单位简介

西南大学心理学与社会发展研究中心

重庆市人文社会科学重点研究基地西南大学心理学与社会发展研究中心系2002年在原西南师范大学心理学研究所基础上吸纳有关社会学、教育学、美学及计算机科学领域的专家，经再调整、充实后重新组建的科研团体。中心主任由西南大学资深教授、全国先进工作者、全国教书育人楷模、中国心理学会终身成就奖获得者黄希庭先生担任，副主任为毕重增教授、夏凌翔教授。中心现有专、兼职研究人员25名，其中教授16人，副教授7人，博士生导师11人，中心已经建立起一支知识结构合理，老中青结合、以中青年专家为主体的高学历学术队伍。中心通过承担国家级和省部级的研究项目，组织大课题攻关，产出高水平科研成果，从而使心理学更好地为实现中华民族伟大复兴的中国梦服务。

中国心理学会社区心理学专业委员会

为推动中国社区心理学的理论研究与实践的发展，黄希庭教授2014年9月在西南大学召开中国社区心理学研究与实践高级研讨会上倡议成立中国心理学会社区心理学专业委员会（筹）。2015年10月16日经中国心理学会第十一届第九次常务理事会批准正式设立中国心理学会社区心理学专业委员会，陈红教授为主任，马建青教授、王振宏教授、赵俊峰教授、刘电芝教授、夏凌翔教授为副主任，挂靠单位为西南大学。

CONTENTS 目录

学校社区心理

社区心理学理论

社区心理服务

社区融入心理

民族社区心理

社区工作人员心理

社区心理学教学

CONTENTS 目录

学校社区心理

学校社区对中小学生心理社会适应的影响[*]

王启忱　苏彦捷[**]

（北京大学心理与认知科学学院和行为与
心理健康北京市重点实验室）

摘　要　学校是学生主要的活动场所，与中小学生的身心发展关系密切。近年来，“学校社区”的概念越来越多地出现在学术文献中。整体来看，学校社区包含四类要素：（1）学校教育相关的人员及其所带来的教育服务以及人员间的相互关系；（2）学校内部环境和校内组织机构的设置及其功能的发挥情况；（3）校内人员对学校的归属感和认同感；（4）学校社区所处的地域环境及区域性的教育制度等。通过梳理以往研究，发现上述四类要素对学生的心理社会适应（包括学业适应、人际适应、情绪适应、行为适应、自我概念等）发挥着重要的作用。未来研究可更多着眼于同一要素对于不同类型学生心理社会适应方面的影响，以及学校社区中的多个要素之间对于学生同一心理社会适应指标的相互作用。

关键词　学校社区　心理社会适应　师生关系　同伴关系　学校归属感　地区性教育政策

学校是学生步入社会的第一站。学龄前儿童大部分时间均由家长看护，在以家庭为中心的社区中度过。步入学龄期后，学校则成了其主要的社会活动区域（Jia et al.，2009），儿童开始接受正规教育，参与各类丰富多彩的校内外活动，在与老师同学的广泛接触过程中逐渐学会处理人际关系，适应外界环境。青少年阶段，在校时间占学生觉醒时间的2/3。学校无疑成

---

* 本文受自然科学基金资助项目（31371040，31571134）的资助。

** 通讯作者：苏彦捷教授，E－mail：yjsu@ pku. edu. cn

了除社区（家庭）外，对学生产生深远影响的重要场所（Eccles & Roeser, 2011）。从小学到高中阶段，未成年人通过学校教育获取文化知识及社会经验，为成年后逐步融入社会生活打下牢固的基础。因此，学校对于中小学生的身心发展影响深远。

已有研究大多把学校作为社区的重要组成部分，但近年来，“学校社区”（school community）一词的盛行使学校被众多学者类比为与“社区”相似的微环境来进行研究（Kumpulainen, Mikkola, & Jaatinen, 2014）。2014 年 8 月，美国、加拿大的课程开发与管理协会（ASCD）提出了“构建健康学校社区”教育计划（Douglas & Daniel, 2017）。计划中“学校社区”一词的使用，旨在赋予学校更为丰富的内涵，从而更加全面地将学校及其相关要素纳入影响学生身心健康发展的框架之中。总体来说，“学校社区”是指坐落于社区范围内，基于一定的物理和人文环境，由教师、学生、管理者、服务者等为学校注入活力的人员组成的，为学生提供教育服务的场所（Douglas & Daniel, 2017）。从人口学与社会学视角来看，“社区”主要包含“人群”、“组织机构”、“认同感”以及“（一定的）地域”四个层面的要素（于燕燕，2003；Cummins, Macintyre, Davidson, & Ellaway, 2005）。按照“社区”的构成，可以对“学校社区”的内涵进行更加清晰的梳理。学校社区中的第一类要素是学校社区内与教育教学关系紧密的人员以及人员在工作、学习过程中形成的相互关系（如师生关系、同伴关系等）（Eccles & Roeser, 2011）。这类要素是学校社区中最核心的要素，也是学校社区人文氛围形成的基础。第二类要素是学校主要人员所在的校内组织机构及其开展教育活动所需的校内环境，具体指校园、教室、课堂的物理环境，如空气质量、噪声情况、班级座位设置等，这类要素属于“学校社区”所依托的地域空间（Marchand, Nardi, Reynolds, & Pamoukov, 2014）。第三类要素是校内人员对学校的归属感和认同感，主要体现在对学校文化的情感联结及对学校管理工作的认可等方面。这类要素体现了学校人员对学校人文、物理环境的情感、态度，是前两类要素之间的桥梁（Baker, Dilly, Aupperlee, & Patil, 2003）。第四类要素则是学校社区所处的外围环境及地区性的教育政策，包括学校所在社区的环境，以及学校的等级划分，班级容量大小、作息时间、学校分班政策（school tracking policies）等（Eccles & Roeser, 2011）。学校社区作为一个整体，其中的诸多要素均与学生的身心健康发展息息相关（Baker et al.，2003）。

学校社区对学生，特别是中小学生成长的重要性体现在使学生逐渐由生物个体转变为社会个体，这一转变过程的成功实现需要学生具备自身与周围环境和谐发展的能力，即心理社会适应（Psychosocial Adjustment）。已有文献对于心理社会适应所包含内容的界定并不完全一致，但纪林芹等学者在其研究中梳理了国内外文献中衡量中小学生心理社会适应的典型指标，主要包括以下四个方面（魏星，吕娜，纪林芹，陈亮，张文新，2011）：（1）情绪适应，与之相对应的适应不良表现为内化问题，是指儿童的不愉快经历或消极情绪，包括抑郁、焦虑、孤独等（Reijntjes，Kamphuis，Prinzie，& Telch，2010）；（2）行为适应及与之相对应的外化问题，指个体对外部环境的消极行为反应，主要涉及攻击行为、违纪行为、抽烟、酗酒等（Reijntjes，Kamphuis，Prinzie，Boelen，Vander，& Telch，2011）；（3）人际适应，主要指学生在学校环境下建立起的师生关系和同伴关系（Scholte，Engels，Overbeek，de Kemp，& Haselager，2007）；（4）自我概念，即学生对自身能力、外表、社会接受性等方面的自我觉知（Harter，2006）。考虑到学生在校期间，学业成绩是学生自身、教师、家长关注的重要问题，也在很大程度上决定着学生在未来的发展中能否被社会、他人所认可（Zhou，Frey，& Bang，2010），因此本文增加了学业适应作为心理社会适应的指标。

以往有诸多文献提示，学校社区中的多种要素均与培养中小学生良好的心理社会适应性息息相关。如研究发现，学校中和谐的师生关系利于中小学生学业的进步、良好同伴关系的形成，融洽的同伴关系能够促进中学生自我认识的发展，避免内外化适应问题，合理的教室和校园环境对学业成绩、社会适应行为将产生积极作用等。我们将从学校社区所包含的四类要素出发，逐一梳理其对学生心理的各个方面所产生的影响，力求全面说明学校社区作为学生成长中的重要场所，对于学生未来在社会中生存、发展的重要价值。

一　学校社区中的人员及其相互关系对学生心理社会适应的影响

学校人员是构成学校社区的核心要素。学校社区中的每一个学生并非孤立的个体，而是处于与其他社区人员紧密相连的社区网络中。对于中小学生而言，教师和同伴是与之关系最紧密的学校社区人员（Douglas & Daniel, 2017）。学生在与教师和同伴的互动过程中形成相对稳定的师生关系和同伴关系，而学校的人文氛围也随着这些关系的确立而逐步形成。积极、良好的师生、同伴关系有利于学校社区和谐的人文氛围的构建，这种人文氛围将进而作用于学生的心理社会适应（Baker et al., 2003）。具体而言，教师对学生的态度以及学生对教师的感知将在很大程度上影响学生对于教师讲授知识的吸收，以及其他同伴对于某一学生的评价，而同伴关系则在一定程度上提示学生自身是否能够被学校社区所接纳。近些年关于学校人员及其相互关系影响学生心理社会适应的研究主要集中在探讨师生关系、同伴关系对于学生学业、人际、情绪、行为适应的作用。

（一）师生关系对学生心理社会适应的影响

师生关系是学生在学校环境中与教师建立的认知、情感、行为等方面的联系（Spilt, Hughes, Wu, & Kwok, 2012）。良好和谐的师生关系有助于学生的学业成绩的提升，同时也能够帮助其构建起积极良好的人际关系，促进其适应性行为的发展。

1. 师生关系在学生学业适应中的作用

对于刚刚步入学龄期的儿童而言，教师替代了家长，对其汲取和消化知识的过程进行指导和督促。诸多研究均发现了良性的师生互动对小学低年级学生学业成绩的积极作用。课堂中师生关系质量与小学高年级学生的数学和阅读成绩存在着显著的相关。在亲近性、冲突性和依赖性这三个体现师生关系质量的维度中，由学生主观报告的亲近性与依赖性两个维度得分越高的学生，其数学和阅读成绩也越好（Zee, Koomen, & Veen, 2013）。相反，长期性的冲突与学业成绩不良显著相关，学业障碍出现的可能性与师生关系逆境持续的时间长度呈正相关（Hughes et al., 2012）。Hughes 等人采用自编的师生关系量表（TRI; Hughes, Cavell, & Willson, 2001）纵向追踪探讨了学业不良小学生的师生关系与其学习成绩间的关系。结果发现，学生对师生关系冲突的感知能够预测学生第二年的学业投入，而学业投入水平又能够显著预测后一年学生的阅读和数学成绩（Hughes, Wu, Kwok, Villarreal, & Johnson, 2012）。

更进一步的研究发现了师生关系对于学业适应的作用受到学生自身因素和师生关系发展轨迹的影响。Liew 等人的研究结果显示，师生关系和有意控制对于小学低年级学业风险儿童阅读和数学成绩的交互作用，具体表现为有意控制水平较高的学生在学习成绩上表现较好，且不受师生关系的影响。而对于有意控制水平低的学生，在构建起良好积极的师生关系，得到教师的帮助和支持的条件下，其学业不良的情况则能够得到一定缓解（Liew, Chen, & Hughes, 2010）。此外，追踪研究发现，主观报告的师生关系中的保护性随年级升高而下降的小学生，出现学业问题的概率显著低于保护性上呈现出其他发展模式的学生。对此可能性的解释是随着年级升高，学生需要一定的独立学习与思考能力，能够面对并解决学业中出现的问题。这一结果也在一定程度上提示，教师应根据学生所处的年龄阶段适当调整自己与学生的相处模式（Spilt, Hughes, Wu, & Kwok, 2012）。

另有一些研究尝试从不同角度揭示师生关系对于学生学业适应产生影响的内在机制。一方面，师生间积极的情感互动有利于学生以积极的情绪情感完成学业任务，在投入学习时产生更为强烈的骄傲感、愉悦感和主观幸福感（Robert et al., 2010）；另一方面，高质量的师生关系将带给学生强烈的学校归属感，使其感受到学校环境对自己的包容和接纳，从而削弱学校环境中种族、语言、社会经济地位等因素对学生带来的干扰，进而全身心投入学习当中（Garcia-Reid, Reid, & Peterson, 2005）。

2. 师生关系在学生人际适应中的作用

教师对学生的态度对于同伴如何看待这一学生，以及这一学生的同伴交往方式具有很大的影响。对于小学生（特别是低年级学生），教师对某一学生行为的态度或行为反馈往往扮演着“指向标”的角色，很大程度上决定着同伴是否能够接纳这一儿童的行为（Karen, Bouchard, & David, 2017）。一项对 784 名来自于不同种族的一至四年级美国小学生展开的纵向研究发现，教师主观报告的师生关系中的“温暖性”与学生的“同伴接纳”得分呈现显著正相关关系，与“同伴拒绝”则呈负相关；而“冲突性”与学生的“同伴接纳”得分呈现显著负相关关系，与“同伴拒绝”则呈正相关。同时，学生在师生关系“温暖”维度上的得分能够显著负向预测其后期由同伴报告的“同伴拒绝”得分，而“冲突”维度得分则对“同伴拒绝”得分具有显著正向预测作用，并且这种预测作用在控制了学生性别、教室环境等协变量后仍旧显著（Hughes & Im, 2016）。同时，教师对被拒绝儿童正向行为的积极反馈方式还能有效提升同伴对这一儿童正向行为的感知程度，进而改善儿童的同伴关系（Hughes et al.，2012；White & Kistner，1992）。更进一步的研究发现了学生自身的课堂参与在师生关系对同伴关系的影响中发挥着完全的中介作用。一年级学生的师生关系可显著预测其第二年教师评定的包括勤奋程度、完成作业质量在内的学生课堂参与度，而学生的课堂参与度又能够显著预测其后续的同伴接受性（Hughes & Kwok, 2006）。

对于小学高年级学生或初中生，教师与他们的相处方式直接影响到学生对学校氛围的感知，也为他们如何与这一环境下的其他个体相处提供了社会参照系（Karen et al.，2017）。Lucas-Molina 等人在研究中考察了 1864 名 8 – 13 岁中小学生的师生关系对同伴骚扰的影响。结果表明，教师的支持性能够有效减少同伴侵害（peer victimization）的发生，而学生主观报告的教师对其直接或间接的攻击行为能够显著预测攻击同伴行为（peer aggression）的增加。同时，由学生报告的师生间的相互攻击与学生对同伴的攻击性呈现显著相关（Lucas-Molina, Williamson, Pulido, & Perez-Albeniz, 2015）。

3. 师生关系在学生行为适应中的作用

学生在学校中与教师形成亲密、相互尊重、信赖、低冲突的积极师生关系的能力能够促使其表现出更多的适应性行为，而学生与教师之间冲突、非信任或尊重的消极师生关系则往往会增加学生逃课、攻击他人等外显问题行为的频率。

首先，积极的师生关系能够促使儿童表现出更多的适应性行为，且这一影响作用从幼儿阶段一直持续至青少年阶段。一项针对幼儿园、学前班和小学低年级学生展开的研究发现，教师报告的早期师生关系与学生的合作社交能力、外显问题行为之间有显著相关。具体来说，学前班和一年级阶段由教师主观报告的师生关系的亲密性能够显著正向预测学生一年级社会交往中的合作性，同时，各年龄段学生师生关系的“亲密感”得分均能够负向预测同一时期由教师报告的学生扰乱课堂纪律、攻击他人等外化问题行为发生概率（Pianta & Stuhlman, 2004）。Robert 等人在研究中测查了 677 名六至八年级学生主观报告的逃学、携带危险物、偷窃等问题行为，以及学生所感知的师生关系，结果表明，积极的师生关系与较低的问题行为出现的可能性和发生频率呈显著负相关关系。进一步采用托比特模型（Tobit Model）分析数据发现，七年级学生师生关系评分中1个标准差的提升与问题行为出现可能性4个百分点的下降具有显著相关（Robert, Thomas, & Elizabeth, 2010）。Obsuth等人通过追踪研究不仅发现了积极的师生关系对于学生问题及亲社会行为的显著预测作用，还证实了这一影响力的持续时间将长达四年，从儿童期持续到青春期（Obsuth, Murray, Malti, Sulger, Ribeaud, & Eisner, 2016）。也有研究进一步发现了积极而亲密的师生关系对于小学低年级学生外化问题行为的改善作用。常表现出攻击他人、对抗父母管教等外化问题行为的学生处在情感亲密的师生关系中时，他们的这些问题行为将在第二年后明显减少，对父母表现出更多的尊重和顺从行为（Silver, Measelle, & Armstrong, 2005）。

其次，消极的师生关系则与学生行为适应不良有关。幼儿园和小学低年级阶段师生关系的冲突性越强，教师报告的学生外显行为问题发生的频率也越高（Pianta & Stuhlman, 2004）。Silver等人在前人相关研究的基础上，进一步发现了师生关系中的冲突性对学生从幼儿园到三年级的外化问题行为频率增速预测作用显著，且其预测力甚至超过了消极父母教养方式对学生外化问题的预测力（Silver et al., 2005）。

（二）同伴群体及同伴关系对学生心理社会适应的影响

同伴关系是同龄或心理发展水平相当的个体间在交往过程中建立和发展起来的一种人际关系，这种人际关系是平行、平等的，不同于个体与家长或与年长个体间交往的垂直关系（周宗奎，赵冬梅，孙晓军，定险峰，2006）。随着年级的增长，学生与同伴间的互动程度也逐渐加强，同伴群体在儿童的心理发展和社会适应中扮演着日益重要的作用。

1. 同伴群体及同伴关系在学生学业适应中的作用

同伴关系和同伴群体质量对学生的学业成绩、学习动机等方面均有重要的影响，且这一影响作用随着年龄的增长不断增强。小学阶段，通过同伴提名测验测得的同伴接纳性对于学生语文、数学学科的学业成绩具有显著的预测作用，对年级较高的学生影响尤为明显（杨海波，2008）。周宗奎等人针对小学三至六年级小学生的追踪研究发现，在控制了前测学业成就后，前测同伴关系中的积极友谊质量、社交领导行为可以分别正向预测后期的学业成就，而前测的攻击行为可以负向预测后期的学业成就（周宗奎等，2006）。

步入中学后，身处学习主动性强、学业成绩较好同伴群体中的学生将会表现出更高水平的学业动机和更好的学习成绩。例如，有研究发现，低年级高中生是否处于参加大学预备数学课程的同伴群体中直接影响其高年级时选择参加更高阶数学课程的可能性，这一效果对于数学成绩低于班级平均分的女生尤为明显（Frank, Schiller, Riegle-Crumb, Mueller, Crosnoe, & Pearson, 2008）。这些结果提示，在教育过程中，教育者不仅要引导学生与同伴形成融洽的关系，也应关注同伴群体的整体学业情况，以便于为学生学业发展营造良好的氛围。

2. 同伴关系在学生情绪适应中的作用

学生的同伴关系与其孤独感等情绪适应问题之间存在着密切的关系。学生在校园环境中的同伴关系质量不同，在情绪适应方面也具有显著差异，同伴关系质量欠佳的学生，表现出的孤独感、抑郁感等负面情绪就越强烈（周宗奎，赵冬梅，陈晶，蒋京川，2003）。周宗奎等人采用提名法和问卷法对 274 名三、四年级的小学生进行了两年的追踪调查，从双向关系和群体接纳水平来考察同伴交往与孤独感的相互预测关系。结果发现，互选朋友数、友谊质量对孤独感具有显著预测作用，证实了双向关系水平的友谊状况能够预测情绪适应性的变化，可见友谊质量越高，儿童从这种一对一的友谊关系中获得的积极情感支持就越多，从而为他们提供了抵制孤独感的缓冲器。而反映同伴群体关系的积极提名、消极提名对孤独感并不具有显著的预测效应。作者给出的解释是这两项指标与其他同伴交往变量之间有较强的共线性，从而产生某种抑制作用，当控制了其他同伴交往变量后，其对两年后的孤独感的预测作用也就不显著了（周宗奎等，2006）。小学生的社交地位与社交自我觉知也与孤独感有关（周宗奎等，2003）。通过同伴提名和儿童自我知觉量表考察社交地位和社交自我觉知，结果发现，不同社交地位的儿童其孤独感也不同，低接纳组儿童的孤独感显著高于一般接纳组和高接纳组，而在高接纳组中，社交自我知觉消极者其孤独感显著高于社交自我知觉一般者，社交自我知觉一般的儿童其孤独感显著高于社交自我知觉积极的儿童（周宗奎等，2003）。近年来，也有研究发现在童年中期阶段，同伴交往中的性别隔离，即儿童在同伴交往的过程中，对于同性别交往伙伴的倾向性也会导致孤独感的产生，特别是对于男生而言，作用尤为明显。对于男生来说，孤独感的主要预测变量为来自男生的朋友提名

（Mehta & Strough，2009；吴姝欣，周宗奎，魏华，鲍娜，2013）。上述工作提示我们，学校教育不仅要关注学生同伴交往的客观表现，也应适当关注学生对自己社交状况的主观自我知觉以及学生同伴交往中同伴性别的混合性和互补性。

已经有研究结果表明，在学校容易受到同伴侵害（peer victimization）（包括关系侵害和身体侵害）的学生更容易表现出沮丧、焦虑、社交退缩等负面情绪。Wendy 等人在研究中发现了中学生受到同伴的身体侵害与其沮丧和焦虑情绪显著相关，同伴身体侵害和关系侵害均与社交焦虑显著相关。而身体侵害和关系侵害对于沮丧和焦虑情绪的预测作用显著，且学生自身的社会角色意识对这一预测作用起到了不完全的中介作用。相对于身体侵害，关系侵害对于社交退缩情绪的预测作用更强，且这一预测作用受到学生自身社交技巧的调节（Wendy & Bonnie，2007）。另有研究采用不同研究视角，通过同伴提名的方式将涉及同伴侵害的学生分为攻击者和受害者，结果发现，受害者在情绪适应方面通常表现出自责，而攻击者则多表现出对于学校规章的反抗情绪（周宗奎等，2003）。

3. 同伴关系在学生行为适应中的作用

在同伴交往过程中，受到同伴侵害的学生更容易表现出攻击、过失等外化问题行为，这些问题行为的出现往往对后续的侵害遭遇有一定预示作用，且同伴侵害影响有一定的性别差别。如有研究发现，八年级中学生的身体侵犯与其抽烟、酗酒、攻击、过失等行为具有显著相关，对于男生更为明显。而遭遇关系侵害的学生则更多地表现出毒品摄入行为，且这一结果在女生身上表现得更加明显（Sullivan，Farrell，& Kliewer，2006）。Snyder 等人还发现了小学低年级学生同伴侵害经历与不同性别学生反社会行为的相互预测关系。具体表现为同伴间的关系侵害和身体侵害能够预测学生反社会行为、压抑行为的出现。而对于男生，反社会行为能够进一步预测后续同伴侵害经历的减少，对于女生的这一行为则预示日后反社会行为的进一步增多（Snyder，Brooker，Patrick，Snyder，Schrepferman，& Stoolmiller，2003）。近年来，Reijntjes 等人进一步通过元分析证实了同伴侵害与学生外化问题之间的相互预测关系。结果显示，同伴侵害能够显著预测学生的攻击、过失等外化行为问题的产生，而这些外化行为问题的产生又将加剧同伴侵害的程度，进而形成恶性循环（Reijntjes et al.，2010）。上述研究结果提示，教育者应关注同伴侵害经历对不同性别学生在行为适应层面造成的影响，并有针对性地进行疏导，避免侵害经历的恶性循环。

二 学校内部环境对学生心理社会适应的影响

学校内部环境主要包括教室环境、校园环境及与环境相配套的公共设施等物理要素（苏彦捷，2016）。与学生需求相适应的物理环境将促使学生以更加良好的状态投入到学校学习、生活中，促进其学习效率，降低问题行为发生的概率，提高其在校生活质量。

（一）教室环境在学生心理社会适应中的作用

教室内座位的安排方式与学生的行为表现、学业成绩有着紧密关系。针对小学阶段课堂行为的研究发现，当学生座位单独排布（即单个学生为一桌）时，课堂中的破坏性行为出现频率显著低于“多个学生为一桌”的座位排布情况（Wannarka & Ruhl, 2008）。但即使在“单个学生为一桌”的条件下，如让学生自由选择座位，其破坏性行为出现的频率是教师指定座位条件下的三倍（Bicard, Ervin, Bicard, & Baylotcasey, 2003）。这一结果提示对于小学生而言，教师给定的座位安排方式更能够对课堂纪律提供保障。另有研究发现，学生座位的前后相对位置会对师生互动和学业成绩产生影响。如研究结果显示，学生参与师生互动的范围集中在教室的前排及中央，大致呈 T 字形，来自教室前部和中部平均 61% 的学生会主动发言，相比仅 31% 的学生来自教室两侧和后部，在前排或中间位置就座的学生与老师语言互动、眼神接触和请教老师问题的机会更多，这些区域被称为 T 型区或活跃区（action zone）（Sommer, 1989）。处于教室两侧及后排的区域为公共区（public zone），处于该区的学生与老师的互动和课堂参与的机会相对较少。Ngware 等人针对小学六年级学生开展的研究在一定程度上印证了上述结论，研究发现坐在教室前排（距离黑板较近）的学生，数学成绩比教室后排的学生高出 5% ~27% （Ngware, Ciera, Musyoka, & Oketch, 1997）。由此可见，在实际教学中，教师应在保证学生前、后排座位周期性轮换的基础上，在课堂上给予位于“公共区域”的学生相应的积极关注，从而督促其在教师授课过程中保证注意力的集中性。另有研究者通过实证研究提出教室座位的排布可以采用马蹄形设计，或者矩形设计，以增加学生间、师生间的交流，减少距离感。马蹄形座位排布形式适合于师生互动较多的课堂，矩形排布适合于需要学生互相讨论的课堂，教师可在实际课堂中根据课堂活动形式灵活调整学生座位的排布（Kaya & Burgess, 2007）。

此外，教室内部的空气、温度、灯光、色彩、声音和建筑材料等物理因素可以直接影响教师和学生的心理社会适应。首先，教室里空气新鲜能使人大脑清醒，心情愉快，从而提高教学效率。如果空气污浊，则容易使人大脑昏沉，眩目恶心，大大降低教学效率。教育实验结果表明，通过增加教室的通风量，运用通风装置使室内 100% 接收到来自外界的新鲜空气，能够显著提升小学高年级学生语言任务的加工速度，但室内空气质量对学生执行语言任务的错误率并无显著性影响（Wargocki & Wyon, 2007）。其次，教室内部适宜的光线强度也会影响学生的社会适应行为。环境光线过强会使人感到烦躁甚至头晕，影响思维判断能力；光线太弱则不能引起大脑足够的兴奋强度（Stamps, 2007）。而教室里的照明适当的变化（亮度和色温）则有利于缓解学生的学习疲劳，减少攻击行为，增加学生的适应行为（Wessolowski, Koenig, Schulte-Markwort, & Barkmann, 2014）。最后，教室内部的噪声对学生的学业适应、情绪适应等方面产生影响。经常处于 70 分贝以上音响环境中，会使学生记忆力减退，注意力不集中，学习效率明显降低。但音量适中、悦耳动听的声音则可以令人感到轻松愉快，使人处于智力活动的最佳状态。现在多数教室都配备多媒体、音响等设施，但音响质量参差不齐，处于较差音响环境中的学生报告有更差的语音和语义辨识（Klatte, Hellbruck, Seidel, & Leistner, 2010）。也有新近研究表明，当教室的灯光、声响和温度刚刚适中时，学生的阅读理解和听力效果最好，而那些处于非适宜灯光、声响和温度中的学生则报告更多的负性情绪体验，对学业成绩抱更多的消极期望（Marchand et al. , 2014）。此外，教室内部设施对于学生完成学习任务速度及课堂问题行为的产生具有一定影响。Patrick 等人的研究表明，课堂中如课本、练习册、电脑等硬件供应的充足性对于学龄前儿童的自我控制和行为问题具有显著的预测作用。课堂硬件供应越充足，幼儿的问题行为出现的概率就越低（Bennett, Elliott, & Peters, 2017）。可见学校应在教学过程中，从学生自身需求出发，关注和完善教室物理环境和室内公共设施，以创建良好的教学环境，为课堂学习提供必要的保障。

（二）校园环境在学生心理社会适应中的作用

学生进行有益于身心的文体活动和学习各种社会技巧，都是通过课外活动获得的，而校园和操场是课外活动必不可少的场所，对学生的学业适应、行为适应等产生重要影响。校园植物的覆盖率、户外活动的面积、校园道路的尺寸、自然和人文景观的设计以及活动设施等校园和操场环境与小学生进行课外活动中的适应性行为关系密切（Arbogast, Kane, Kirwan, & Hertel, 2009; Thompson, 2013）。校园和操场的环境设计尽量贴近自然，设计复杂多样、具有挑战性，这种环境中的儿童创造性更高，学习和认知发展的效果也更好（FjÖtoft, 2004）。

学校操场的环境吸引力对于儿童不同活动类型的需要的满足程度，可以预测五、六、七三个年级学生室外活动的积极性，而且学校室外环境越大，他们越倾向于在课间休息时走出教室进行自主性活动（Kasalı & Doğan, 2010）。具体来说，空间范围更大的现代型学校操场，其设计可以更加灵活，有利于学生更多地投入课外活动，并做出人际适应行为。有人做过一个研究，把低年级小学生分为两组，一组分配在铺有沥青的传统式操场；另一组分配在种有花草的现代式操场。结果发现，这两组学生所进行的活动有所不同：在传统式操场，活动多为球类或其他器械类；在现代式操场，学生的活动种类要更加丰富多彩，且与同伴之间的积极语言、行为互动也显著多于在传统式操场上活动的学生（Czalczynska-Podolska, 2014）。

三　学校满意度和归属感——学校社区作用发挥的“桥梁”

学校归属感（school belonging）是学生对学校思想上、感情上和心理上的投入和认同，具体而言是学生愿意承担作为学校一员的各项责任和义务及乐于参与学校活动的情感，有利于激发学生学习的积极性，降低适应不良行为出现的概率（陶海林，2016）。学校归属感的产生取决于学生对学校所提供的教育、教学服务以及在校生活质量的满意程度，即“学校满意度”。研究表明，学校满意度对学校归属感具有显著预测作用（田丽丽，2007）。在学校社区中，学校归属感和满意度是学校社区对学生心理社会适应产生影响的桥梁，同时也是连接在校人员与学校环境的纽带，一方面，这种对于学校满意、认同态度的产生与学校社区的人文氛围、组织方式等环境要素密不可分；另一方面，学生对于校园的归属感和认同态度也能够促使其更好地完成学业，积极适应环境。

（一）学校社区其他要素对学校满意度和归属感的影响

学校社区中的诸多要素都是学生对学校的满意态度和认同情感所产生的来源。根据“自我决定”理论，学校社区中的各类要素通过满足学生的自主需要、胜任需要和归属需要这三方面的需求来促进其外部动机的内化。第一，当外界环境满足了学生的自主需要时，学生能自主地思考行为的价值，更有利于将这种价值内化；第二，当学生感觉能够胜任某一任务时，会增加内化这种任务规则的可能性，反之便不利于其内化；第三，当学生能够明确感觉自身归属于某特定团体时，则有助于该团体所认可的价值观和行为的内化（Ryan，Williams，Patrick & Deci，2009）。当学校社区从满足学生的上述需求出发，调动各项因素为学生提供良好的发展环境时，学生作为社区中的主体更有可能产生愉悦、支持感，提升自身对于外界的适应能力。

已有研究结果提示了学校社区构成要素与学生学校满意度和归属感的紧密联系。首先，学校氛围中的人文因素与学生对学校的态度具有关联。一项研究考察900名小学生的学校满意度，结果发现学生与教师感知的师生关系对于学校满意度具有显著预测作用，友好且富有支持性的师生关系将能使学生更多感受到学校的安全、健康的人文氛围（Baker et al.，2003）。而针对居住在城市中的家庭贫困学生的研究发现了连接课堂氛围与学校满意度的调节因素，当处于安全和支持性的课堂氛围中时，学生所能够感知到的压力更小，因此对学校也更满意（Baker et al.，2003）。其次，清晰明确的课堂规则以及学生对教师课堂讲授内容和课堂安排的可预知性也是影响学生对学校满意度的因素之一。特别是对于小学生而言，有序的课堂秩序和教师授课内容的合理安排方式有助于学生适应课堂节奏，增强其课堂舒适感，进而影响其对学校的评价（Baker，Derrer，Davis，Dinklage-Travis，Linder，& Nicholson，2001）。最后，学校的组织性是学生对学校满意度的另一影响因素。有研究表明，当学校内学生和教师流动性较小，人员构成相对稳定时，学生将在更大程度上感受到自己与他人间较为紧密的关系和对校园环境的熟悉程度，其对学校的总体评价也更为积极。这些研究也启示我们不仅要将学校满意度和归属感视为影响学生社会心理适应的前因变量，也应将其视为后果变量，关注其他学校社区要素对其发挥的作用，进而从源头出发，提升学生对学校的正向和积极情感。

（二）学校满意度和归属感与学业适应、自我概念的关系

进入20世纪以来，众多学者选取"生态化视角"（ecological perspective）来看待学校社区对于学生学业和自我认识等适应性的重要影响。在"生态化视角"下，学生是自身发展历程中的能动有机体，在自身与环境的互动中，赋予周围事物意义（Baker et al.，2003）。具体而言，学生对学校教学目标、学习意义、人际氛围等接纳和满意的程度，即学校满意度或归属感，决定着这些要素影响作用的发挥，影响结果最终会体现在学生的学业适应、自我认知等方面。随着学生年龄的增长，这种主观能动性发挥的意识逐渐增强，这一影响过程在中学生群体中更加明显。

诸多研究结果都印证了学校归属感和满意度与中学生的学业适应之间存在密切的关系。学校归属感强的高中生将对学业成就表现出更加强烈的期望，进而在学业表现上显著高于归属感弱的学生（Baker et al.，2003）。也有横断研究表明高中生的学校满意度对于其学业投入（包括学习努力性和乐学性）具有显著的预测作用（Singh，Chang，& Dika，2010）。Hughes等人则通过纵向研究将学校归属感对学生学业成绩的影响作用一直追溯到了小学高年级，结果表明，小学五年级学生的学校归属感对于其八年级时的阅读成绩具有显著预测作用，在控制了学生自身的语言能力差异后，显著性依然存在（Hughes，Im，& Allee，2015）。

另外，学校归属感也关系到学生对自我的觉知和评价。学校归属感能够预测中学生的自我概念。归属感强的学生对学校会有较为积极的情感和态度，从而能够在学校生活中形成更好的自我概念（包克冰，徐琴美，2006）。也有研究发现学校归属感、自我价值感对心理弹性有正向预测作用，结构模型分析表明学校归属感并非直接作用于心理弹性，而是通过自我价值感的中介进而对心理弹性产生影响，再次印证了学校归属感首先作用于学生对自身价值的认识，进而才对学生长期的发展与适应发挥影响作用（孙晨哲，武培博，2011）。

四 地区性的教育政策及社区环境对学生心理社会适应的影响

将学校视为一个社区，更加强调了学校的开放性，即学校所在地区教育政策将对学校的组织与管理策略产生影响，同时，学校所处的社区环境也影响学生的课余生活与学习。具体来说，学校所在地区的教育政策既包括学校的学校类型、学区制度、招生政策等宏观层面，也包括办学规模、学校作息规定、学校监督政策等微观层面，这些因素连同学校所属的社区环境对学生学业适应、自我概念等方面的心理社会适应性也会产生一定影响。

（一）学校类型与学生自我概念的关系

学校社区所在地的教育管理部门根据学校的文化底蕴、教学质量等将学校划分为不同等级的重点学校或普通学校等类型。研究发现，学校类型与学生的自我概念方面的心理社会适应密切相关。有研究挑选了省级重点中学、市级重点中学、一般中学这三种不同类型的学校各一所，针对三所学校的746名中学生进行自我价值感的测试。结果显示，省级重点中学的学生的自我价值感显著高于市级重点中学和一般中学，市级重点中学显著高于一般中学。在社会取向和个人取向的一般自我价值感上，省级重点中学同样显著高于市级重点中学和一般中学，而市级重点中学和一般中学之间的差异并不显著（郑桂芳，2001）。这一结果提示非重点中学可通过开展一些心理辅导课程或校园文化活动等提升在校学生对自我价值的认识。

也有研究考察了就读于农民工子弟学校和普通公办学校的初中、小学农民工子女的自我价值观，结果发现，公办学校的农民工子女的自我价值观更符合社会主流，农民工子弟学校的学生与主流价值观表现出一定的疏离。就读于公办学校的农民工子女更为强烈地感受到城市主流社会的歧视。公办学校的农民工子女对于个人前景的预期低于农民工子弟学校的学生，具有更强的挫败感。可见，单纯的教育吸纳对于促进农民工子女社会融合的作用极其有限，有关教育部门可通过政策的出台使农民工子女真正融入一般学校接受教育，或加强对农民工子女学校学生的心理辅导（熊易寒，杨肖光，2012）。

（二）学校规模与学生学业适应的关系

学校规模通常以学校占地面积大小、承载的教师和学生数量作为衡量标准。以往众多研究结果大多支持“与规模较大学校相比，规模较小的学校能够为学生提供更多的机会，从而促进学生的参与度和学业成绩”。这些机会主要囊括了师生间更加频繁、近距离的接触机会；学校管理人员对学生较强的管理力度；学生参与学校各类课余活动的机会（Crosnoe，Muller，& Frank，2004）。对美国公立性高中学生展开的调查显示，以师生课堂互动为代表的高中生课堂参与度与学校规模呈显著的负相关关系（Hawkins，Kosterman，Catalano，Kill，& Abbott，2008）。

更进一步的研究在证明了学校规模与学生学业成绩具有一定关联性的基础上，探讨学校容纳学生人数与其学生学业成绩的关系。研究结果发现，从幼儿园到初中阶段，学生总人数在300～500人（甚至更少）的学校学生学业成绩较其他学校处于更优水平，而学生学业成绩较优的高中人数基本保持在600～1000人这一范围内。但学校人数也并非直接独立作用于学生的学业成绩，当规模较小的学校更大程度上着眼于学校人文氛围的塑造，仅给予学生有限的学业压力时，学生将对学校投以更多的积极情感，但其整体学业成绩却不及其他更大规模的学校。由此可见，学校所容纳的学生人数并不能作为学生整体成绩的单独预测因子（Wyse，Keesler，& Schneider，2008）。

（三）学校作息时间与学生学业、情绪和行为适应的关系

作为学校的管理政策之一，学校作息时间通过作用于学生的生理行为（如睡眠），进而对其心理社会适应，特别是学业、情绪和行为适应方面产生一定的影响。来自美国的研究表明，大部分学生进入青春期阶段后会更加偏爱“熬夜晚起”的作息方式，加之多数学生可在卧室中接触到电视、电脑、手机等电子媒介，因此加剧了“晚睡晚起”及“咖啡因滥用”现象的恶性循环。对此一些学校制定了比常规作息更早的上课时间，从而督促学生养成“早睡早起”的习惯。研究结果发现，在中学阶段，采取“提早上课”措施的学校学生在睡眠长度和学业拖延程度上均好于未改变作息时间的学校（Dahl，2008；Whalen，Silk，Semel，Forbes，Ryan，& Axelson，2008）。

但另有研究证据显示，将上课时间提前将可能形成“睡眠剥夺”（sleep deprivation），进一步导致学生出现情绪和行为适应不良反应。Dahl 等人在研究中发现，学生早晨上课时间早于正常作息时间的学校，学生出现“上课迟到”和“白天瞌睡”的频率明显增加，学生心中对于作息时间的“逆反心理”激发其做出无证驾驶、抽烟、酗酒、攻击同伴等冒险行为（Dahl, 2008），同时，也有学生受到抑郁、厌学等不良情绪的困扰。由此可见，采用“提早上课”的措施虽然可在一定程度上促进学生学业适应，但也同样存在一定风险，因此提示学校管理人员及教育者在作息时间的规定上应考虑多重因素，谨慎制定措施（Sadeh, Dahl, Shahar, & Rosenblat-Stein, 2009）。

（四）学校分班政策与学生学业适应、自我概念的关系

学校分班政策（school tracking policies）是指学校在相关政策的许可下，通过闭卷考试或开放性测试的形式评估学生能力，并据此将其分配到相应班级进行学习或为其提供与能力相适应的课程或学习内容的教育政策（Marsh et al., 2008）。一直以来，研究者大多将学校的分班政策纳入“人与环境相适应”的视角下进行研究。当学校为学生所提供的学习材料和内容与学生当下的能力相匹配时，便能够最大化地激发学生的学习动机。同时，有证据表明，处于“绩优”的班级或优秀的同伴组中的学生，其学习动机远高于处于其他班级或小组的学生（Frank, Schiller, Riegle-Crumb, Mueller, Crosnoe, & Pearson, 2008）。但对于成绩或能力较弱的班级或群组中的学生，低质量的教育经验将减弱其学习动机，进而对其学习成绩造成影响（Lee & Smith, 2001）。长期的追踪调查结果还发现了处于“劣势”班、组的初中生对学校的满意程度显著低于“绩优班”学生，且其出现辍学现象的频率也显著高于其他班组（Oakes, 2005）。

有研究从“社会比较理论”的视角出发，探讨了学校的分班政策对于学生自我概念和自我认识能力的影响。根据社会比较理论，学生通常倾向于通过将自己的表现与他人进行比较来给自己定位（Marsh, Trautwein, Ludtke, & Brettschneider, 2008）。在按能力分组的政策下，“绩优班”的学生可能会因班级整体能力较强而导致个人自我觉知力下降，相反，处于“劣势班”的学生自我觉知能力反而会有所提升（Marsh et al., 2008）。Marsh 等人通过研究证实了进入“绩优校”或“绩优班”的初中生其学业

自我概念会在入学后的一段时间内持续下降。更进一步的研究还证实了“绩优班”学生还因学业压力较大，出现焦虑、失望等情绪适应不良反应（Frank et al.，2008）。上述研究结果在一定程度上证明了学校采取的根据能力划分班级或小组的教育措施虽然在一定程度上达到了“因材施教”的目的，但也有可能以牺牲学生的自信心、降低自我概念作为代价。

（五）学校所在社区对学生心理社会适应的影响

“社区”是和一定区域相联系的社会生活共同体，是一种区域性的社会（于燕燕，2003）。学校是社区中一个不可或缺的系统，而社区也是学校发展的外部环境，社区整体治安情况，经济、文化发展水平，以及学校与社区之间的配合情况等因素也对学校学生的心理社会适应构成一定影响。

社区是学生课余活动的重要场所，经济、文化发展水平较高，治安状况良好的社区将为学生提供更加文明、安全的课余活动场所，进而促进其行为、学业适应的发展。Eccles 等人针对社区环境与学生课余生活情况展开的研究显示，经济、文化发展水平高的社区能够为学生提供更为丰富、结构化的课余活动，进而提升学生的课余生活质量。而社区环境的贫穷、治安不良也与学生在下午 2：00 至 8：00 这一时段做出攻击、暴力等高风险问题行为的频率呈现显著正相关关系。特别是对于处于青春期阶段且放学后家中无家长看管的学生，这一影响作用尤为显著（Eccles & Templeton，2002）。也有研究进一步发现，通过社区中所开展的课余活动对成绩落后的学生进行追踪和干预，能够对其学业成绩产生明显的改善作用，促进其学业适应（Peck，Roeser，Zarrett，& Eccles，2008）。

上述研究揭示了社区自身发展状况对于学生心理社会适应的重要影响作用，同时也提示学校与家庭、社区紧密配合与联系，全面关注学生的校内、外生活质量，促进其身心健康发展。研究者根据“家校合作”六种类型和相应的活动设计了一套指标，来测量家庭、学校和社区在各种活动或行为上的参与程度。这套指标现已上升为美国家校合作国家标准，包括当好家长、家校交流、志愿服务、在家学习、参与决策、与社区合作六个方面（National PTA，1997）。国内学者吴重涵等以家长的“家校合作情况”作为自变量，以学生成长状况（包括学习成绩、行为改善、教育抱负）为因变量建立回归模型，结果显示，当好家长、家校交流、与社区合作三因素对儿童成长均发挥显著的正向作用（吴重涵，张俊，王梅雾，2014）。这也再次从实证研究角度印证了“家庭—学校—社区”三位一体的联合教育形式在学生成长中所起到的重要作用。

五 评述与展望

学校作为学生正式步入社会前的重要过渡场所，在其成长与发展中起着至关重要的作用，而“学校社区”视角的确立使研究者对于学校结构的理解更为清晰。本文选择能够全面反映学生身心健康发展状况的心理社会适应作为焦点，从学业适应、人际适应、情绪适应、行为适应及自我概念等指标出发，通过回顾前人研究结果，讨论其与学校社区中的各项要素之间的联系，使研究者能够更为全面地梳理学校社区中每一层级的要素对学生的心理社会适应的影响，为从事教育者从整体出发，调动各方面因素构建适应学生身心发展的和谐、健康的学校环境提供重要的参考依据。

从已有研究成果来看，学校内、外环境及相关教学政策主要与学生的学业成绩、自我概念关联紧密，而学校社区中反映人文氛围的要素，如师生关系，同伴关系，校内人员对学校的归属感、满意度等不仅与学生的学业成绩有密切的联系，还关系到学生人际适应、情绪适应、行为适应等诸多方面，这一结果也提示教育者在关注学校物理环境设施完善、教育政策完善的同时，在构建温暖、和谐的校内人文氛围方面也要给予更多的积极关注。

在梳理以往研究的过程中，我们发现学校社区的视角还需要更多的实证研究和数据积累。首先，未来研究可更多着眼于学生的个体差异性，即学校社区中的同一要素对于不同类型学生心理社会适应方面的影响。现有研究大多选取“大样本”，以某一年级或某一学校学生整体为单位，在一定程度上忽视了学生间的个体差异。而学生自身所处的文化群体、种族、家庭背景、就读学校情况等均有可能是影响学校社区发挥作用的因素，考量这些个体间的差异性将使研究成果的应用价值有所提升。其次，学校社区作为一个整体，其各项要素在发挥作用时可能存在一定的关联和相互作用，后续研究可以从整体出发，同时考察学校社区中的多个要素对于学生同一指标的影响，以发现这些要素之间的相互联系，便于教育者在实际应用当中从“全局”出发，构建适合学生发展的积极学校社区环境。

参考文献

包克冰，徐琴美．(2006)．学校归属感与学生发展的探索研究．*心理学探新，26*（2），51－54.

孙晨哲，武培博．(2011)．初中生学校归属感、自我价值感与心理弹性的相关研究．*中国健康心理学杂志，19*（11），1352－1355.

苏彦捷．(2016)．*环境心理学*．北京：高等教育出版社．

陶海林．(2016)．小学学生社团与学生学校归属感的提升．*基础教育参考*．(3)，7－8.

田丽丽．(2007)．青少年学校满意度发展特点及其对学校归属感的预测．*心理学探新，27*（4），48－53.

魏星，吕娜，纪林芹，陈亮，张文新．(2011)．童年晚期亲社会行为与儿童的心理社会适应．*心理发展与教育，31*（4），402－410.

吴重涵，张俊，王梅雾．(2014)．家长参与的力量——家庭资本、家园校合作与儿童成长．*教育学术月刊，*（3），15－28.

吴姝欣，周宗奎，魏华，鲍娜．(2013)．童年中期的性别隔离与孤独感的关系研究．*中国临床心理学杂志，*（3），479－483.

熊易寒，杨肖光．(2012)．学校类型对农民工子女价值观与行为模式的影响——基于上海的实证研究．*青年研究，*（1），71－84.

杨海波（2008)．同伴关系与小学生学业成绩相关研究的新视角．*心理科学，31*（3），648－651.

于燕燕．(2003)．社区和社区建设（一）：社区的由来及要素，*人口与计划生育，*（7），47－48.

赵冬梅，周宗奎．(2006)．童年中期同伴关系的变化对孤独感的影响．*心理科学，29*（1），194－197.

郑桂芳．(2001)．三所不同类型中学学生的自我价值感与应对方式的比较研究．*社会心理科学*，*3*，46－53.

周宗奎，赵冬梅，陈晶，蒋京川，Hundley，R.（2003)．童年中期儿童社交地位、社交自我知觉与孤独感的关系研究．*心理发展与教育，19*（4），70－74.

周宗奎，赵冬梅，孙晓军，定险峰．(2006)．儿童的同伴交往与孤独感：一项2年纵向研究．*心理学报，38*（5），743－750.

Arbogast，K. L.，Kane，B. C. P.，Kirwan，J. L.，& Hertel，B. R.（2009)．Vegetation and outdoor recess time at elementary schools: What are the connections? *Journal of Environmental Psychology*, *29* (5), 450 – 456.

Baker, J. A. (1998). The social context of school satisfaction among urban, low-income, African-American students. *School Psychology Quarterly*, *13* (1), 25 – 44.

Baker, J. A., Dilly, L. J., Aupperlee, J. L. & Patil, S. A. (2003). The developmental context of school satisfaction: schools as psychologically healthy environments. *School Psychology Quarterly*, *18* (2), 206 – 221.

Baker, J. A., Derrer, R., Davis, S., Dinklage-Travis, H., Linder, D., & Nicholson, M. (2001). The flip side of the coin: Understanding the school's contribution to drop-out and completion. *School Psychology Quarterly*, *16* (4), 406 – 427.

Bennett, P., Elliott, M., & Peters, D. (2017). Classroom and family effects on children's social and behavioral problems. *The Elementary School Journal*, *105* (5), 461 – 480.

Booker, K. C. (2006). School belonging and the African American adolescent: What do we know and where should we go? *The High School Journal*, *89* (4), 1 – 7.

Bicard, D. F., Ervin, A., Bicard, S. C., & Baylotcasey, L. (2013). Differential effects of seating arrangements on disruptive behavior of fifth grade students During Independent Seatwork. *Journal of Applied Behavior Analysis*, *45* (2), 407 – 411.

Crosnoe, R., Muller, C., & Frank, K. (2004). Peer context and the consequences of adolescent drinking. *Social Problems*, *51* (2), 288 – 304.

Cummins, S., Macintyre, S., Davidson, S. & Ellaway, A. (2005) Measuring neighbourhood social and material context: generation and interpretation of ecological data from routine and nonroutine sources. *Health and Place*, *11* (3), 249 – 260.

Czalczynska-Podolska. (2014). The impact of playground spatial features on children's play and activity forms: An evaluation of contemporary playgrounds play and social value. *Journal of Environmental Psychology*, *38* (1), 132 – 142.

Dahl, R. E. (2008). Biological, developmental, and neurobehavioral factors relevant to adolescent driving risks. *American Journal of Preventive Medicine*, *35* (3), S278 – S284.

Eccles, J. S., & Roeser, R. W. (2011). Schools as developmental contexts during adolescence. *Journal of Research on Adolescence*, *21* (1), 225 – 241.

Eccles, J. S., & Templeton, J. (2002). Extracurricular and other after-school activities for youth. *Review of Research in Education*, *26*, 113 – 180.

Frank, K. A., Schiller, K. S., Riegle-Crumb, C., Mueller, A. S., Crosnoe, R., & Pearson, J. (2008). The social dynamics of mathematics course taking in high school. *American Journal of Sociology*, *113* (6), 1645 – 1696.

FjÖtoft. (2004). Landscape as playscape: The effects of natural environments on children's play and motor development. *Children, Youth and Environments*, *14* (2), 21 – 44.

Garcia-Reid, P., Reid, R. J., & Peterson, N. A. (2005). School engagement among Latino youth in an urban middle school context: valuing the role of social support. *Education and Urban Society*, *37* (3), 257 – 275.

Graham, S., Bellm, A. D., & Mize, J. (2006). Peer victimization, aggression, and their co-occurrence in middle school: Pathways to adjustment problems, *Journal of Abnormal Child Psychology*, *34* (3), 363 – 378.

Gleddie, D. L. & Robinson, D. B. (2017). Creating a Healthy School Community? Consider Critical Elements of Educational Change. *Journal of Physical Education*, *4*, 22 – 25.

Harter, S. (2006). The self. In W. Damon, & R. M. Lerner. (Series Eds.), & N. Eisenberg (Vol. Ed.), *Handbook of Child Psychology*: Vol. 3. *Social, Emotional, and Personality Development* (6th ed., pp. 505 – 570). New Jersey: Wiley.

Hawkins, J. D., Kosterman, R., Catalano, R. F., Kill, K. G., & Abbott, R. D. (2008). Effects of social development intervention in childhood 15 years later. *Archives of Pediatrics and Adolescent Medicine*, *162* (12), 1133 – 1141.

Hughes, J. N., Cavell, T. A., & Willson, V. (2001). Further support for the developmental significance of the quality of the teacher-student relationship. *Journal of School Psychology*, *39* (4), 289 – 301.

Hughes, J. N., & Im, M. H. (2016). Teacher-student relationship and peer disliking and liking across grades 1 – 4. *Child Development*, *87* (2), 593 – 611.

Hughes, J. N., Im, M. H., & Allee, P. J. (2015). Effect of school belonging trajectories in grades 6 – 8 on achievement: Gender and ethnic differences. *Journal of School Psychology*, *53* (6), 493 – 507.

Hughes, J. N., Kwok, O. (2006). Classroom engagement mediates the effect of teacher-student support on elementary students' peer acceptance: A prospective analysis, *Journal of school psychology*, *43* (6), 465 – 480.

Hughes, J. N., Wu, J. Y., Kwok, O., Villarreal, V., & Johnson, A. Y. (2012). Indirect effects of child reports of teacher-student relationship on achievement. *Journal of Educational Psychology*, *104* (2), 350 – 365.

Jia, Y. M., Way, N., Ling, G. M., Yoshikawa, H., Chen, . X. Y., & Hughes, D. (2009). The influence of student perceptions of school climate on socioemotional and academic adjustment: A comparison of Chinese and American adolescents. *Child Development*, *80* (5), 1514 – 1530.

Karen L. , Bouchard, J. , & David, S. (2017). Teacher-student relationship quality and children's bullying experiences with peers: Reflecting on the mesosystem, *The Educational Forum*, *81*, 108 - 125.

Kasalı, A. , & Doğan, F. (2010). Fifth - , sixth - , and seventh-grade students' use of non-classroom spaces during recess: The case of three private schools in Izmir, Turkey. *Journal of Environmental Psychology*, *30* (4), 518 - 532.

Kaya, N. , & Burgess, B. (2007), Territoriality: Seat preferences in different types of classroom arrangements. *Environment and Behavior*, *39*, 859 - 876.

Klatte, M. , Hellbruck, J. , Seidel, J. & Leistner, P. (2010). Effects of classroom acoustics on performance and well-being in elementary School children: A field study. *Environment and Behavior*, *43* (5), 659 - 692.

Kumpulainen, K. , Mikkola, A. , & Jaatinen, A. M. (2014). The chronotopes of technology-mediated creative learning practices in an elementary school community. *Learning Media and Technology*, *39* (1), 53 - 74.

Lee, V. E. , & Smith, J. (2001). *Restructuring high schools for equity and excellence: What works?* New York, NY: Teacher's College Press.

Liew, J. , Chen, Q. , & Hughes, J. N. (2010). Child effortful control, teacher-student relationships, and achievement in academically at-risk children: Additive and interactive effects. *Early Childhood Research Quarterly*, *25* (1), 51 - 64.

Lucas-Molina, B. , Williamson, A. A. , Pulido, R. , & Perez-Albeniz, A. (2015). Effects of teacher-student relationship on peer harassment: A multilevel study. *Psychology in the Schools*, *52* (3), 298 - 315.

Marchand, G. C. , Nardi, N. M. , Reynolds D. , & Pamoukov S. (2014). The impact of the classroom built environment on student perceptions and learning. *Journal of Environmental Psychology*, *40*, 187 - 197.

Marsh, H. W. , Trautwein, U. , Ludtke, O. , & Brettschneider, W. (2008). Social comparison and big-fish-little-pond effects on self-concept and other self-belief constructs Role of generalized and specific others. *Journal of Educational Psychology*, *100* (3), 510 - 524.

Mehta, C. M. , & Strough, J. N. (2009). Sex segregation in friendships and normative contexts across the life span. *Developmental Review*, *29* (3), 201 - 220.

Ngware, M. W. , Ciera, J. , Musyoka, P. K. , & Oketch. M. (2013). The influence of classroom seating position on student learning gains in primary schools in Kenya. *Creative Education*, *4* (11), 705 - 712.

Oakes, J. (2005). *Keeping Track* (2nd ed.). New Haven, CT: Yale University Press.

Obsuth, I. , Murray, A. L. , Malti, T. , Sulger, P. , Ribeaud, D. , & Eisner, M. (2016). A non-bipartite propensity score analysis of the effects of teacher-student relationships on adolescent problem and prosocial behavior. *Journal of Youth & Adolescence*, *66*, 1 - 27.

Peck, S. C. , Roeser, R. W. , Zarrett, N. , & Eccles, J. S. (2008). Exploring the roles of extracurricular activity quantity and quality in the educational resilience of vulnerable adolescents: variable-and pattern-centered approaches. *Journal of Social Issues*, *64* (1), 135 - 156.

Pianta, R. C. , & Stuhlman, M. W. (2004). Teacher-child relationships and children's success in the first years of school. *School Psychology Review*, *33* (3), 444 - 458.

Pta, N. (1997). National standards for parent/family involvement programs. *Elementary Secondary Education*, *24*, 37.

Reijntjes, A. , Kamphuis, J. H. , Prinzie, P. , Boelen, P. A. , Vander, S. M. , & Telch, M. J. (2011). Prospective linkages between peer victimization and externalizing problems in children: A meta-analysis. *Aggressive Behavior*, *37* (3), 215 - 222.

Reijntjes, A. , Kamphuis, J. H. , Prinzie, P. , & Telch, M. J. (2010). Peer victimization and internalizing problems in children: A meta-analysis of longitudinal studies. *Child Abuse & Neglect*, *34* (4), 244 - 252.

Robert, L. S. , Thomas, J. D. , & Elizabeth, A. S. (2010). A tobit regression analysis of the covariation between middle school students' perceived school climate and behavioral problems. *Journal of Research on Adolescence*, *20* (2), 274 - 286.

Ryan, R. M. , Williams, G. C. , Patrick, H. & Deci, E. L. (2009). Self-determination theory and physical activity: the dynamics of motivation in development and wellness. *Hellenic Journal of Psychology*, *6*, 107 - 124.

Sadeh, A. , Dahl, R. E. , Shahar, G. , & Rosenblat-Stein, S. (2009). Sleep and the transition of adolescence: a longitudinal study. *Sleep*, *1*, 1602 - 1609.

Scholte, R. H. , Engels, R. C. , Overbeek, G. , de Kemp, R. A. , & Haselager, G. J. (2007). Stability in bullying and victimization and its association with social adjustment in childhood and adolescence. *Journal of Abnormal Child Psychology*, *35* (2), 217 - 228.

Silver, R. B. , Measelle, J. R. , & Armstrong, J. M. (2005). Trajectories of classroom externalizing behavior: contributions of child characteristics, family characteristics, and the teacher-child relationship during the school transition. *Journal of School Psychology*, *43* (1), 39 - 60.

Singh, K. , Chang, M. , & Dika, S. (2010). Ethnicity, self-concept, and school belonging: effects on school engagement. *Educational Research for Policy & Practice*, *9* (3), 159 - 175.

Snyder, J. , Brooker, Patrick, M. R. , Snyder, A. , Schrepferman, L. , & Stoolmiller, M. (2003). Observed peer victimization during early elementary school: Continuity, growth, and relation to risk for child antisocial and depressive behavior. *Child Development*, *74* (6), 1881 - 1898.

Sommer, R. (2006). Classroom ecology and acquaintanceship. *Educational Psychology*, *9* (1), 63 - 66.

Spilt, J. L., Hughes, J. N., Wu, J. Y., & Kwok, O. M. (2012). Dynamics of teacher-student relationships stability and change across elementary school and the influence on children's academic success. *Child Development*, *83* (4), 1180 - 1195.

Stamps, A. E. (2007). Mystery of environmental mystery: Effects of light, occlusion, and depth of view. *Environment and Behavior*, *39*, 165 - 197.

Sullivan, T. N., Farrell, A. D., & Kliewer, W. (2006). Peer victimization in early adolescence: Association between physical and relational victimization and drug use, aggression, and delinquent behaviors among urban middle school students. *Development and Psychopathology*, *18* (1), 119 - 137.

Thompson, C. W. (2013). Activity, exercise and the planning and design of outdoor spaces. *Journal of Environmental Psychology*, *34* (1), 79 - 96.

Wannarka, R., & Ruhl, K. (2008). Seating arrangements that promote positive academic and behavioural outcomes: A review of empirical research. *Support for Learning*, *23* (2), 89 - 93.

Wargocki, P. & Wyon, D. P. (2007). The effects of outdoor air supply rate and supply air filter condition in classrooms on the performance of schoolwork by children. *HVAC&R. Research*, *13* (2), 165 - 194.

Wendy, L. H., & Bonnie, J. L. (2007). Managing threat: Do social-cognitive processes mediate the link between peer victimization and adjustment problems in early adolescence? *Journal of Research on Adolescence*, *17* (3), 525 - 540.

Wessolowski, N., Koenig, H., Schulte-Markwort, M., & Barkmann, C. (2014). The effect of variable light on the fidgetiness and social behavior of pupils in school. *Journal of Environmental Psychology*, *39*, 101 - 108.

Whalen, D. J., Silk, J. S., Semel, M., Forbes, E. E., Ryan, N. D., & Axelson, D. A. (2008). Caffeine consumption, sleep and affect in the natural environments of depressed youth and healthy controls. *Journal of Pediatric Psychology*, *33* (4), 358 - 367.

White, K. J., Kistner, J. (1992). The influence of teacher feedback on young children's peer preferences and perceptions. *Developmental Psychology*, *28* (5), 933 - 940.

Wyse, A. E., Keesler, V., & Schneider, B. (2008). Assessing the effects of small school size on mathematics achievement. *Teachers College Record*, *110* (9), 1879 - 1900.

Yavuz, S., Sherry, A. S., & Jefferey, S. B. (2010). Becoming a member of a school community while working toward science education reform: Teacher induction from a cultural historical activity theory (CHAT) perspective. *Science Education*, *93* (6), 996 - 1025.

Zee, M., Koomen H. M., & Veen, D. V. (2013). Student-teacher relationship quality and academic adjustment in upper elementary school: the role of student personality. *Journal of School Psychology*. *51* (4), 517 - 533.

Zhou, Y. C., Frey, C., & Bang, H. (2010). Understanding of international graduate students' academic adaptation to a U. S. graduate school. *International Graduation*, *41*, 71 - 94.

The Influence of School Community on Primary and Secondary School Students' Psychosocial Adjustment

Wang Qichen, Su Yanjie

(School of Psychological and Cognitive Sciences and Beijing Key Laboratory of Behavior and Mental Health, Peking University, 100871, China)

Abstract: School, the primary place of activity for primary and secondary school students before they join the labor force, is closely related to their physical and psychological development. Recent years have seen a growing use of the term "school community" in academic literature. Overall, a school community should involve four categories of factors: (1) staff related to school education, their educational service, and interpersonal relations; (2) internal environment of the school, school organizations and their functionality; (3) a sense of belonging and identity among the school staff; (4) local environment around the school community and local educational system. Previous studies have found that these factors play an important role in students' psychosocial adjustment (including academic adjustment, interpersonal adjustment, emotional adjustment, behavioral adjustment, self-concept, etc.). Future work could focus on the differentiated influence of one factor on the psychosocial adjustment in various types of students, and the multi-factor interaction in school community on a given index of students' psychosocial adjustment.

Keywords: School Community; Psychosocial Adjustment; Teacher-Student Relationship; Peer Relationship; School Belonging; Regional Education Policies

学校社区感研究：回顾与展望*

罗　念　陈　红**

（西南大学心理学部）

李书慧　刘　豫

（西南大学西南民族教育与心理研究中心）

摘　要　社区感（Sense of Community）是社区心理学研究的核心内容。学校背景下的社区感，是在校学生对学校生存与发展的心理条件及相互影响的态度体验。学校作为社区的一种特殊形式，处于社区连续体的中间位置。早期在学校社区感的测量上普遍使用的是基于McMillan和Chavis的四要素理论模型构建的社区感指数。2004年，Rovai等人特别针对学校背景下的社区感编制了课堂社区感量表以及课堂与学校社区问卷，从个体和环境两方面对学校社区感的影响因素进行探讨。建议有关教育机构和学校管理者及时采取措施和实施一些教育项目以培养学生的学校社区感。本文提出在社区感的测量方面，研究者应考虑所采用的测量工具是否符合被试所处的文化和历史背景环境，关注如何发展与构建真正适合中国特色的学校社区感量表。

关键词　学校　社区　社区感　心理健康

1965年5月在美国马萨诸塞州的Swampscott市举行的社区心理学会议标志着社区心理学的诞生（Bennett，1965）。社区感是社区心理学最早关注的主题之一，作为该领域的核心内容，研究者们在不同背景和环境中对其进行了详尽的探讨。学校社区感是学生身心健康和行为的重要影响因素，

---

* 本文受中央高校基本科研业务费专项资金创新团队项目（SWU1509107）的资助。

** 通讯作者：陈红教授，E－mail：chenhg@ swu. edu. cn。

较高的学校社区感也往往意味着较好的团体氛围和较低的辍学率，因此，对学校社区感的研究具有十分重要的意义。本文主要关注学校背景下的社区感，梳理了学校社区研究的几个关键性问题。

一 学校社区感：概念和测量

（一）学校社区感的概念

社区是一种容易获得的，互相支持的关系网络（Sarason，1974）。社区成员间彼此关注相互支持，主动参与社区活动，共同商定社区决议，共同感知社区归属感与群体认同，共同遵守社区规范，共享社区目标与价值观（Bryk & Driscoll，1988；Mcmillan & Chavis，1986）。社区心理学中将社区分为地域型社区和关系型社区。地域型社区是传统的社区概念，通过基于一定范围的地理位置来界定；关系型社区则不受地理位置的限定，通过人际关系得以维持。然而，这种区分并不是绝对的。许多关系型社区，例如大学和宗教教会，通常坐落于某一地区，处于社区连续体的中间位置（Dalton，Elias & Wandersman，2001）。Bryk 和 Driscoll（1988）认为学校社区包括三种主要成分，即共享价值、共同的活动议程、关爱和社会关系等。一旦学生的归属感、自主权以及自我能力得以发挥，学生就会产生学校社区感的体验（Battistich & Schaps，1995）。

社区感被广泛用于描述个体对不同种类社区的归属感，是指个体对他人的相似性和相互依赖程度的感知，是个体对自己从属于某种稳定结构的情感（Sarason，1974）。McMillan 和 Chavis（1986）总结了社会学和社会心理学对社区感和团体凝聚力的研究，将社区感定义为成员的归属感，成员彼此间及所在团体的情感，以及成员通过共同承担工作满足自己需求的一种共享信念，并提出了社区感的四个基本成分，即成员资格、需要的满足、共同的情感连接以及影响力。所谓成员资格是指归属感或个体间相关联的感觉。需要的满足是指社区成员彼此间互换资源以满足个体需求。共同的情感连接，即成员间共同的承诺和信念，并分享共同的历史，共同的空间，共处的时间以及相似的经验（例如共享激动的时刻、庆典、仪式等）。影响力是指成员对组织的作用以及组织对成员的反馈。

许多研究者将学校社区感用于描述在学校环境或者校内社群中可以满足归属或支持需要的心理状态（Bateman, 2002），是与其他学生和老师之间的亲密感，在学生的日常生活中有着重要的作用（McMillan & Chavis, 1986）。国内有学者指出，学校情境中的社区感是在校学生对学校生存与发展的心理条件及相互影响的态度体验，其结构要素包括学校认同（认知因素）、归属感（情感因素）和传承倾向（行为的准备状态）（余如英，2009）。林明地（1995）认为学校社区感是指学校成员对学校、同学、教师，还有对整体教育系统的认同。学校社区感较强的氛围下，成员之间相互尊重、彼此关怀，拥有共同的价值观并愿意投入与奉献，在学校中还能体验到归属感。学校社区感包括两个独立的维度，分别是社会社区和学习社区。其中，社会社区包括学生对凝聚力、互动性和信任的感知。学习社区则包括学生体验到的共享的群体规范与价值观（Rovai, Wighting, & Lucking, 2004）。因此本文认为学校社区感是指在学校社区背景下，学校成员对社区群体和环境间相互作用的感知，主要包括社会互动、社区环境感知以及成员价值认同等。

（二）学校社区感的测量

目前，社区心理学研究者普遍使用问卷调查的方式对学校社区感进行施测，较为常用的包括社区感指数（Sense of Community Index, SCI），课堂社区量表（Classroom Community Scale, CCS），课堂与学校社区问卷（Classroom and School Community Inventory, CSCI），学校归属感问卷（Sense of School Belongingness, SOSB），课堂社区感量表（Classroom Sense of Community Scale, SoC – C）等。

1. 社区感指数

Perkins 等人（1990）编制了社区感指数（Sense of Community Index, SCI），该量表基于 McMillan 和 Chavis 的四要素理论模型构建，包括 12 个是非题项共 4 个分量表，即需要的满足（1 – 3 题）、成员资格（4 – 5 题）、影响力（6 – 8 题）以及共同的情感连接（9 – 12 题），分别测量被试在组织中对资源和需要的获取、个体的归属感及与他人的关联、个体对组织的影响及其反馈，以及成员间共同的承诺和信念。社区感指数的应用十分广泛，可以在不同的场景中使用（如工作场所、宗教社区、移民社区、学生社区、互联网社区以及居民社区等），是早期测量社区感最普遍的工具之一。然而，2004 年 Flaherty，Zwick 和 Bouchey 选取大学生群体作为样本进一步对社区感指数的因子结构进行了探讨，Flaherty 等人在验证性因素分析时发现验证性模型拟合程度较弱且各项指标均不理想，这与 Obst 和 White（2004）的研究结果一致。2004 年，Obst 和 White 最终对社区感指数进行了修订（删除了第 4 题和第 12 题），得到了包括 10 个题项的“社区感指数修订”问卷（Sense of Community Index – Revise，SCI – R），修订后的问卷在研究的三个社区中进行测试，结果均发现了较高的拟合指数。

2. 课堂社区量表

Rovai（2002）鉴于地理区分导致远程教育带来的高辍学率，对影响学生社区感体验的因素进行了探索，编制了课堂社区量表（Classroom Community Scale，CCS），用以测量学习环境中的社区感。在通过互联网进行远程学习的学生中进行施测，确定了该量表的信效度。课堂社区量表最初共构建了 40 个项目，其中 20 项用以代表关联性、凝聚力、精神性、信任感以及成员间的相互依赖；另 20 项用以代表课堂的特殊场景，即传统场景或虚拟场景。为了避免相关项目连续放置导致的反应定式，最终将量表细化并保留至 20 个项目，分为连接性（Connectedness）和学习（Learning）两个分量表。如前所述，连接性分量表是指学生关于他们之间的关联性、凝聚力等以及成员间相互依赖的感知；学习分量表测量社区成员在教育目标和期望上能够在多大程度上得到满足。课堂社区量表可以有效地评估大学生的课堂社区感，为课堂社区的测量增加了一种有效的工具，并且在远程教育社区感的相关研究中被广泛运用（Aydin & Gumus，2016；Flaherty，Zwick，& Bouchey，2014）。

3. 课堂与学校社区问卷

通过对文献的查阅，Rovai 等人（2004）发现，之前在学校背景下测量社区感的许多量表并不能对课堂和学校社区进行区分。为了解决这一问题，Rovai 等人基于对课堂社区量表的修订编制了课堂与学校社区问卷（Classroom and School Community Inventory，CSCI），该问卷用于测量学校范围内的社区感，适合各种环境和教育水平，包括远程教育。学校社区框架包括两个潜在的维度：社会社区（Social community）和学习社区（Learning community）。社会社区代表学生关于精神性、凝聚力、信任、安全感、交换、相互依赖以及归属的感知；学习社区是指社区中成员对包括共享教育目标、规范和价值观等的感知。这与课堂社区量表中的连接性分量表和学习分量表的表述十分相似。在课堂与学校社区问卷的20个条目中，分为课堂问卷和学校问卷两部分，每个部分10个条目。无论是课堂社区量表或课堂与学校社区问卷，都在学校社区感的测量方面做出了完善，且均适用于远程教育背景下的社区感测量，促进了学校社区的构建和学校社区感的培养。后者对课堂和学校社区进行了区分，施测内容更加清晰。

4. 学校归属感问卷

Williams 和 Ferrari（2015）认为归属感包括对校园氛围、受到欢迎、得以肯定和相互支持的认知，以及对学校机构和环境的认知。Williams 和 Ferrari 使用 Hagborg 的 11 项学校归属感问卷（Sense of School Belongingness，SOSB）来测量学生的学校社区感，问卷采用 5 点等级评定法（1 = 完全错误；5 = 完全正确），通过自我报告的方式对题目进行等级评定以评估个体的学校归属感，包括归属、拒绝及接受三个不同的因子，分数越高表明学校归属感水平也就越高。该问卷源于 Goodenow（1993）编制的 18 项学校归属感量表（Psychological Sense of School Membership Scale，PSSM）。最初是用于考察学生在学校环境中感觉自己被他人接受、尊敬、包容和支持鼓励的程度。Hagborg 在修订过程中排除了原始问卷中的 2 个积极项和 5 个消极项。数据分析表明，修订后的问卷具有较高的信度，初高中各年级样本的内部一致性系数为 0.71 ~ 0.94（Hagborg，1994）。

5. 课堂社区感量表

课堂社区中的青少年成员应该对课堂产生归属感和安全感（Petrillo & Donizzetti，2016），Petrillo 和 Donizzetti 将青少年社区感量表（Sense of Community in Adolescence，SoC – A）运用于课堂背景中，通过项目修订与因素分析最终得到 26 项课堂社区感量表（Classroom Sense of Community Scale，SoC – C），量表共包含 5 个维度，分别是归属感及同伴间的情感连接，需要的满足及卷入的机会，社区中的支持和情感连接，同伴支持，以及产生影响的机会。其中，归属感及同伴间的情感连接维度包含 10 个项目，主要测量个体被接纳的感受和与他人的关系；需要的满足及卷入的机会包括 4 个项目，主要测量个体间共同合作，相互帮助的程度；社区中的支持和情感连接包含 5 个项目，主要测量个体对情感需求的获取；同伴支持包含 4 个项目，主要关注同伴间的活动参与和问题解决；产生影响的机会包含3个项目，主要测量个体对做出贡献，造成影响机会的感知。课堂社区感量表信效度良好，是测量社区感的可靠工具。与前文所述几个问卷的区别在于，该量表主要针对青少年，用于青少年学生进行自我报告以评估其课堂社区感。

此外，值得一提的是，Jason 和 Light（2015）基于生态学理论框架编制了社区感量表（Psychological Sense of Community Scale，PSCS），该量表在大学生样本中具有较好信效度，对于实体和成员资格的特定类型有相当大的灵活性，因而研究者可以在各种背景和环境中使用。

二　学校社区感影响因素的分析

2015年，凌辉、钟妮和张建人分别从个人和社区两个角度阐述了青少年社区感的影响因素。根据这个思路，我们从个人和环境两方面对学校社区感的影响因素进行探讨。

（一）个人因素

1. 人格特质

在影响学校社区感的个人因素方面，研究者较多关注人格特质与社区感之间的关系。就“大五”人格特质而言，基于其中外倾性特质在语义内容上与 McMillan 和 Chavis 对社区感的定义十分相似，因而通常成为研究者讨论的重点。例如 Lounsbury 和 Deneui（1996）的研究表明，外倾性及其六个方面与社区感均显著相关，相关系数为0.13～0.38。在检验与大学新生社区感有关因素的研究中，DeNeui（2003）通过纵向研究发现，外倾性与社区感之间呈显著正相关。在2个不同时间的社区感测试中，外倾性人格的被试较内倾性人格的被试均得分更高，即使外倾性上得高分的学生在社区感的改变上表现出降低的趋势。此外，Lounsbury，Loveland 和 Gibson（2003）对社区感与“大五”人格特质之间的关系进行了探讨，在646名高中学生和355名大学生样本中发现，社区感与“大五”人格特质中的外倾性、宜人性、尽责性、神经质之间均显著相关，其中神经质与社区感之间呈显著负相关，相关系数为0.18，其余人格特质与社区感之间的相关系数在0.18～

0.44 之间。逐步回归分析表明，在高中样本中，“大五”人格特质变量解释了社区感总变异的 25%；在大学样本中，“大五”人格特质变量解释了社区感总变异的 21%。

2. 课外活动的参与

校园中课外活动的参与使得人们有机会在学校中与他人建立良好的人际关系，在对社区感的影响上同样扮演了一个关键性的角色。学生在校园活动中的参与可以分为情感参与（社区感的体验）和行为参与（组织活动的参与）（Appleton，Christenson，Kim，& Reschly，2006）。DeNeui（2003）的研究证明，校园活动的参与与社区感之间有显著正相关，在课外活动参与程度较高的学生中通常报告较高的社区感水平。一项在不同国家的大学生样本中评估社会参与、社区感以及幸福感三个变量之间关系的研究表明，社区感与社会参与均呈显著正相关（Cicognani et al.，2008）。参与水平高的学生有显著较高的学校社区感（Elkins，Forrester，& Noel－Elkins，2011）。此外，是否作为团体成员也对学生的学校社区感有着重要的意义。研究表明，大学生联会（a fratemity or sorority）成员学生报告的社区感得分显著高于非成员学生（Lounsbury & Deneui，1996；Lounsbury，Deneui，& Deneui，1995），并且对于大学生而言，参与俱乐部的数量越多，对社区感的体验就越强（Mcauliff，Williams，& Ferrari，2013）。

3. 性别、年级等人口学因素

个体间的社区感存在一定的性别差异。Sayer，Beaven，Stringer 和 Hermena（2013）针对小学生社区感进行了调查，研究发现小学生社区感存在显著的性别差异，即在所有分量表中女性在社区感得分上均高于男性。这一结果与 Lounsbury 等人（1995）在大学生样本的研究结果一致。Lounsbury 等人（1995）的研究表明，女大学生学校社区感水平高于男大学生，并且较男大学生而言，女大学生表现得更加友好，参与水平更高。在年级因素中，Lounsbury 等人研究发现较低年级大学生而言，高年级大学生报告更低的学校社区感水平。研究者认为，处于高年级的学生开始逐渐减少与学校机制和社交团体的联系，并逐渐开始新的计划（如工作等）。国内学者对此有着类似的结果，余如英（2009）编制了大学生社区感量表并对在校大学生被试施测，结果表明，大三学生的平均得分均高于大一，大二和大四的学生得分，呈现出先上升后下降的发展趋势。由此，余如英（2009）认为，相对于大一大二的学生，大三学生之间经过两年时间的熟悉，充分了解了自我的需求，在同伴友谊等方面有了稳定的发展，因而一开始呈现出上升的趋势，而大四学生面临毕业，心理压力较大并且逐渐退出学校组织和机构，从而导致学校社区感下降。除此之外，Lounsbury 等人的研究还发现，住校学生比起非住校学生而言在学校社区感水平上得分更高。

（二）环境因素

1. 学校规模

在影响学校社区感的环境因素方面，学校规模对学校社区感的影响在结果上存在一些矛盾的地方。例如 Royal 和 Rossi（1996）建立了一个新的框架（即关爱、尊重、认可，以及共同的目标 4 个维度）来理解工作场所和学校背景下的社区感。研究表明，较小的学校子单元有助于个体社区感的形成和发展。同年，Lounsbury 和 Deneui 使用大学作为社区的参考框架，构建了大学社区感量表以评估学校社区感与学校规模的关系，将学校规模区分为 4 组，即学生人数小于 2000；学生人数置于 2000～9999；学生人数置于 10000～19999 以及学生人数大于 20000。结果表明，学生人数小于 2000 和学生人数置于 2000～9999 时学校社区感较高，而学生人数置于 10000～19999 或学生人数大于 20000 时学校社区感较低。然而，Battistich 等人（1997）的研究则发现，学生的学校社区感和学校规模之间的相关并不显著，但在其研究样本中老师的学校社区感则与学校规模呈正相关。

2. 学校类型

鉴于公立学校和私立学校在投资和资源建立上的差异，Lounsbury 等人就学校类型在学校社区感上的影响，预先假设私立学校的学校社区感会相对较高。选取了美国 14 个州 23 所大学 1127 名学生进行调查，研究结果表明，相对于公立学校的学生，在私立学校就读的学生报告更高的社区感水平。因而私立学校或许可以借此作为吸引和招募学生的工具。

3. 社会支持

社会支持是一个复杂的和多维的概念，存在于支持的提供者与接受者之间（Geens & Vandenbroeck，2014）。Bokszczanin（2012）采用纵向研究以在洪水中为他人提供社会支持的个体为研究对象，探讨其在灾难过后体验到的学校社区感、感知社会支持以及问题处理倾向三者之间的关系。就学校社区感而言，研究结果表明，提供社会支持和增加的学校社区感之间呈显著正相关，个体通过与同伴或成人之间的合作对抗灾难并帮助他人，从而建立了良好的人际关系并随之体验到更高的学校社区感。在对早期青少年的社会支持、学校社区感以及自我效能感三者之间的关系进行探讨的过程中发现，男性在感知朋友支持与学校社区感之间的关系十分显著，而对于女性，朋友支持与学校社区感之间的关系并不显著（Vieno, Santinello, Pastore, & Perkins, 2007）。

三 学校社区感的意义与价值

对于在学校社区中工作和学习的人来说，社区环境促使他们对组织承诺并对社区成员提供内在的回报，具有重要的社会和学术价值（Bryk & Driscoll, 1988）。学校社区感的缺失不仅在学生学业和学生心理健康方面产生重大的影响，而且在一定程度上导致了学生破坏行为的产生。

（一）学术成就与学业倦怠

学校在年轻人的生活中扮演着一个极其关键的角色。对于学生来说，在新的环境中对学校产生归属感是一个不小的挑战。学生进入一所学校，在本质上也就进入了一个新的社区。强烈的学校社区感对学生在学校的表现有着积极的影响。学校社区感水平高的学生报告更少的班级破坏行为和辍学的想法，学校社区感水平越高，学校中倦怠感的体验就越低（Royal & Rossi, 1996）。在大学生样本的研究中，学校社区感与学业倦怠呈显著负相关，随着学校社区感的增加，学生的学业倦怠、自我报告的生理和心理压力均逐渐降低（Mccarthy, Pretty, & Catano, 1990）。对于学校社区感更强的学生，其学术成就和学院的保留率（即学院学生人数变动的比率）也就更高，并且有更高的情感体验（Bateman, 2002）。总之，研究者认为，培养和提升学校社区感能够降低辍学率和学业倦怠，促进学生的学术成就以及学业表现。

（二）学生身心健康与危险行为

社区感有助于促进人们的心理健康，是心理健康的指示器（李须等，

2015)。社区心理学对危险行为的研究常以青少年群体作为研究对象。Amanda 等（2015）评估了文化适应的普遍性对青少年减少自杀倾向的影响。社区心理学家强调使用以个体为基本研究对象来理解亚裔青少年组内变量的重要性（Noni, Arie, Donte, Sarah, 2015）。此外，Stephanie 等（2015）检验确定了青少年具有独特的青春期早期风险和保护因素，并检验了青春期中期的心理社会调整模式。在意大利青少年的研究中证实，学校社区感与不公正的感知以及学生的心理症状之间显著相关（Vieno, Lenzi, Santinello, & Scacchi, 2013)。社区感对于心理疾病具有十分显著的预测价值（Suitor, 2013)，一个缺乏社区感的人，更易处于感知社会孤立和异化的风险中，从而导致孤独感的体验（Prezza, Amici, Roberti, & Tedeschi, 2001; Prezza & Pacilli, 2007)。一项评估学生学校社区感、学业满意度以及学生与学校连接水平的研究认为，提高学校社区感、学校与学生之间连接对于预防孤独感并提升学业成功概率是十分重要的（Vora & Kinney, 2014)。此外，个体体验到的社区感越强，越有可能信任他人（Anderson, 2010; Jason, Stevens, & Light, 2016)。比起家庭和邻里，学校对于预防青少年参与危险行为有着更为关键的作用（Brooks, Magnusson, Spencer, & Morgan, 2012)。Bacchini, Dario, Esposito, Giovanna 和 Affuso, Gaetana（2008）调查了校园暴力与居住城市和学校环境的关系，结果表明，具有暴力倾向的个体与其对邻里危险的感知以及与同学关系、师生关系的相关性显著。积极的校园氛围和积极的学校社区感与青少年物质滥用的降低有正相关，积极的学校社区感体验还调节了同伴或父母对青少年物质滥用的影响，因而扮演了一个保护性的角色（Mayberry, Espelage, & Koenig, 2009)。

四 小结与展望

社区感自提出以来，国内外便进行了大量的研究和探讨。近几年，相关研究主要集中在居民社区感（Francis, Giles-Corti, Wood, & Knuiman, 2012; Gattino, Piccoli, Fassio, & Rollero, 2013; Forsyth, Vugt, Schlein, & Story, 2015)，虚拟网络中的社区感（Laux, Luse, & Mennecke, 2016; Reich, Black, & Korobkova, 2014; Abfalter, Zaglia, & Mueller, 2012)，以及移民群体中的社区感体验（Hombrados-Mendieta, Gomez-Jacinto, Dominguez-Fuentes,

& Garcia-Leiva, 2013；Pan & Carpiano, 2013）等。当然，随着地域型社区的逐渐扩大，关系型社区愈显其重要性。就学校社区感而言，无论是其理论基础还是具体实践，我们都应该认清其当下存在的诸多问题。

首先，注重中西方文化差异，开展社区本土化研究。社区感的形成是个体与环境交互作用的结果，不同的社区环境对人们社区感的影响存在差异。中国作为有特色的社会主义国家，在组织、文化、传统以及公民认知等方面与西方国家存在明显的差别。西方关于人格结构的假设与中国人的人格结构和典型行为有显著的差异，研究发现中国人的人格结构更倾向于“大五”人格而与“大七”人格差异显著，这种差异主要来源于人们对行为的理解和归类的差异。中国文化造成了中国人注重道德评价、关注环境影响以及较多防御反应的特点；而在西方文化中，西方人有一种原发性的随意和放松，更关注行为和事物本身特点、关注目标特点，以及较少的防御反应（王登峰，崔红，2003/2008）。此外在集体主义的背景下，中国文化倡导社区大于个人，责任大于权利，秩序大于自由，和谐大于斗争。相反，大多数西方国家，则倡导个人自由与个人独立。因为国内外学生之间接受的教育、思想和主流观念明显不同，中国学生的学习动机、学校感知与西方学生也有着显著的差异。我们既要注重中西方之间的理论通用性也要区分两者之间的差异性，即关注同一理论应用于不同文化社区的同时将不同的社区结构纳入同一理论模型（刘舒阳，陈红，杨挺，李须，2015）。因此，我们有必要对中国文化背景下的社区感进行深入的探索，特别丰富和拓展学校社区感这一特殊领域。

其次，构建学校社区感测量工具。国外对于社区感的测量已经建立了许多信效度良好的测量工具。社区心理学研究在一定的社会、文化和历史背景下的群体，研究对象既有共性也有差异性，是一个动态与稳态相统一的过程。因此，在社区感的测量上，使用哪种测量工具，如何使用等问题还亟待我们去澄清。对于学校背景下的社区感测量，虽然某些研究中普遍将社区感指数应用于学校中进行施测，但是针对学校社区这一特殊领域编制的社区感量表数量仍然捉襟见肘。近期国内公开发表过的特别针对学校社区感测量的工具屈指可数，国内学者也大都将国外量表进行修订以应用于中国被试群体。然而，在研究中这些量表是否能够真正发挥其作用，还需要研究者进一步进行探讨。在未来对学校社区感的研究中，我们不仅需要建构符合中国特色的社区感量表，另一方面还要注意对不同群体下社区感的测量进行区分，关注地域型社区和关系型社区之间的融合。在社区心理学的研究方法上，如果从社区感研究总体方法论的层面来思考，则应该更为关注方法论的“多样化整合”。在量的研究中注重随机化现场实验、非等组比较设计和间时系列设计等具体方法的有机结合，在质的研究中要结合观察、访谈等具体方法来进一步探讨（陈永胜，牟丽霞，2007）。

最后，探索提高学校社区感的项目和干预措施。社区心理学服务和干预的重点在于提高社区和个人的心理防御能力，预防比一般治疗更能提高社区成员的健康水平。目前，社区心理学家针对提高社区感的相关项目和干预措施做了一系列的探讨（Ebersöhn，2014；O'Connor，2013）。社区干预是社区心理学服务于社区的一种重要的方式和手段。著名心理学家 G. 卡普兰提出了三级预防理论。一级预防，即通过社区调查研究，找出问题产生的原因，并及时采取有效措施。二级预防主要针对尚未出现但“处于危险之中”的群体预防，并对早期症状进行干预。三级预防则针对已经产生的问题，致力于处理问题和解决问题，将问题产生的持续时间和破坏性降到最低（冯增俊，1989）。在社区心理危机应对干预实验模型的研究中发现心理辅导后居民的危机脆弱性评分下降，消极应对减少。社区危机干预对减少心理健康问题而言是一种有效的方式（季卫东，周国权，方文莉，高运庆，王珺，郑宏，2010）。就社区支持而言，Zordan，Butow，Kirsten，Charles，Hobbs，& Batterby（2015）等运用随机区组实验评估了癌症支持小组对于高资源需求和低资源需求干预效果的差异。社区干预研究还时常运用于学校（Laura Ferrer-Wreder，Knut Sundell，Kyle Eichas，&Motjaba Habbi，2015）、社区老年人（Peterson，Christiansen，Guse，& Layde，2015）、婴幼儿（Morrill，Mcelaney，Peixotto，Vanvleet，& Sege，2015）等领域。此外，Linda Aldoory 等（2015）探索了管理理论在跨境关系中的使用建立 HIV 预防的能力，发现学校社区感可以从其他相关研究中得到借鉴，即从提高学校支持等方面来考虑提升学生的学校社区感。

在学校背景下，如何提早预防学生可能出现的心理健康状况比起治疗已经出现的学生心理问题显得更加重要。关注社区心理健康教育（社区心理健康服务 CMHT）旨在运用心理科学的理论和原则来保持与促进人们的心理健康，通过讲究心理卫生，培养人们的健康心理，从而达到预防身心两方面疾病的目的（李昱霏，2015）。教育机构应该更多地关注不同群体的学生，以更好地理解学生与学校的关系，促进学生对校园环境的积极认知和强烈的亲和力。学校管理者和老师应该关注那些对学校社区感和归属感感知较少的学生，并且认真思考如何提升学生的社区感以此来减少各种犯罪、违纪、退学以及学生的心理健康问题等。进一步讲，针对不同的文化经验和意识、价值取向以及学生的内在行为差异，我们可以通过多元的学校项目、服务以及各种相对应的政策措施等来提升学生的学校社区感（Williams & Ferrari, 2015）。

参考文献

冯增俊．（1989）．美国社区心理学概述．*心理科学进展*，（2），45 – 50.

凌辉，钟妮，张建人．（2015）．西方青少年社区感的研究进展及其启示．*中国临床心理学杂志*，*23*（5），826 – 830.

林明地．（1995）．助长学校内部社区感塑造学校内部社区．*教育研究月刊*，（95），70 – 78.

季卫东，周国权，方文莉，高运庆，王珺，郑宏等．（2010）．社区心理危机应对干预实验模型的初步建构及其作用．*中国健康心理学杂志*，*18*（2），162 – 164.

李须，陈红，李冰冰，廖俊，杨挺，刘舒阳．（2015）．社区感：概念、意义、理论与新热点．*心理科学进展*，*23*（7），1280 – 1288.

王登峰，崔红．（2003）．中西方人格结构的理论和实证比较．*北京大学学报（哲学社会科学版）*，*40*（5），109 – 120.

王登峰，崔红．（2008）．心理社会行为的中西方差异："性善 – 性恶文化"假设．*西南大学学报（社会科学版）*，*34*（1），1 – 7.

李昱霏．（2015）．我国社区青少年心理健康教育研究现状．*现代交际*，（7），127 – 127.

余如英．（2009）．*大学生学校社区感量表的编制*，硕士学位论文，金华：浙江师范大学．

刘舒阳，陈红，杨挺，李须．（2015）．西方社区心理学：理论与展望．*社区心理学研究*，*1*，174 – 181.

陈永胜，牟丽霞．（2007）．西方社区感研究的现状与趋势．*心理科学进展*，*15*（1），169 – 173.

Abfalter, D., Zaglia, M. E., & Mueller, J. (2012). Sense of virtual community: A follow up on its measurement. *Computers in Human Behavior*, *28* (2), 400 – 404.

Anderson, M. R. (2010). Community psychology, political efficacy, and trust. *Political Psychology*, *31* (1), 59 – 84.

Appleton, J. J., Christenson, S. L., Kim, D., & Reschly, A. L. (2006). Measuring cognitive and psychological engagement: Validation of the student engagement instrument. *Journal of School Psychology*, *44* (5), 427 – 445.

Aydin, I. E., & Gumus, S. (2016). Sense of classroom community and team development process in online learning. *Turkish Online Journal of Distance Education*, *17* (1), 60 – 77.

Aldoory, L., Bellows, D., Boekeloo, B. O., & Randolph, S. M. (2015). Exploring use of relationship management theory for cross-border relationships to build capacity in HIV prevention. *Journal of Community Psychology*, *43* (6), 687 – 700.

Bacchini, D., Esposito, G., & Affuso, G. (2009). Social experience and school bullying. *Journal of Community & Applied Social Psychology*, *19* (1), 17 – 32.

Bateman, H. V. (2002). Sense of community in the school. *Psychological Sense of Community.* (2), 161 – 179.

Battistich, V., & Schaps, E. (1995). Schools as communities, poverty levels of student populations, and students' attitudes, motives, and performance: a multilevel analysis. *American Educational Research Journal*, *32* (*32*), 627 – 658.

Battistich, V., & Solomon, D. (1997). Caring school communities. *Educational Psychologist*, *32* (3), 137.

Bennett, C. C. (1965). Community psychology: A report of the boston conference on the education of psychologists for community mental health. *American Psychologist*, *20* (10), 832 – 835.

Bokszczanin, A. (2012). Social support provided by adolescents following a disaster and perceived social support, sense of community at school, and proactive coping. *Anxiety*, *25* (5), 575 – 592.

Brooks, F. M., Magnusson, J., Spencer, N., & Morgan, A. (2012). Adolescent multiple risk behaviour: An asset approach to the role of family, school and community. *Journal of Public Health*, *34* (34), 48 – 56.

Bryk, A. S., & Driscoll, M. E. (1988). The high school as community: Contextual influences and Consequences for students and teachers. *Collegiality*, *12* (78). 102 – 113.

Cicognani, E., Pirini, C., Keyes, C., Joshanloo, M., Rostami, R., & Nosratabadi, M. (2008). Social participation, sense of community and social well being: A study on American, Italian and Iranian university students. *Social Indicators Research*, *89* (1), 97 – 112.

Deneui, D. C. (2003). An investigation of first-year college students' psychological sense of community on campus. *College Student Journal*, *37* (2), 224.

Dalton, J. H., Elias, M. J., & Wandersman, A. (2007). *Community Psychology: Linking Individuals and Communities*. Wadsworth Pub.

Ebersöhn, L. (2014). Making sense of place in school-based intervention research. *Contemporary Educational Psychology*, (40), 121 – 130.

Ernestus, S. M., & Prelow, H. M. (2015). Patterns of risk and resilience in African American and latino youth. *Journal of Community Psychology*, *43* (8), 954 – 972.

Elkins, D. J., Forrester, S. A., & Noel-Elkins, A. V. (2011). Students' perceived sense of campus community: The influence of out-of-class experiences. *College Student Journal*, *45* (1), 105 – 121.

Flaherty, J., Zwick, R. R., & Bouchey, H. A. (2014). Revisiting the sense of community index: A confirmatory factor analysis and invariance test. *Journal of Community Psychology*, *42* (8), 947 – 963.

Forsyth, D. R., van Vugt, M., Schlein, G., & Story, P. A. (2015). Identity and sustainability: Localized sense of community increases environmental engagement. *Analyses of Social Issues & Public Policy*, *15* (1), 233 – 252.

Francis, J., Giles-Corti, B., Wood, L., & Knuiman, M. (2012). Creating sense of community: The role of public space. *Journal of Environmental Psychology*, *32* (4), 401 – 409.

Ferrer-Wreder, L., Sundell, K., Eichas, K., & Habbi, M. (2015). An empirical test of a diffusion framework for school-based prevention: The 21 swedish junior high school study. *Journal of Community Psychology*, *43* (7), 811 – 831.

Gattino, S., de Piccoli, N., Fassio, O., & Rollero, C. (2013). Quality of life and sense of community: A study on health and place of residence. *Journal of Community Psychology*, *41* (7), 811 – 826.

Gaylord-Harden, N. K., Zakaryan, A., Bernard, D., & Pekoc, S. (2015). Community-level victimization and aggressive behavior in african american male adolescents: A profile analysis. *Journal of Community Psychology*, *43* (4), 502 – 519.

Geens, N., & Vandenbroeck, M. (2014). The (ab) sense of a concept of social support in parenting research: A social work perspective. *Child & Family Social Work*, *19* (4), 491 – 500.

Goodenow, C. (1993). The psychological sense of school membership among adolescents: Scale development and educational correlates. *Psychology in the Schools*, *30* (1), 79 – 90.

Haar, M, & Scanlan, C. (2012). Factors associated with sense of community among allied health students. *Journal of Allied Health*, *41* (3), 123 – 130.

Haboush-Deloye Ama L. , Oliver Taylor L. , Parker Alexa, & Billings Hilary N. (2015). Acculturative stress in suicidal youth. *Journal of Community Psychology*, *43* (*5*), 611 - 618.

Hagborg, W. J. , & Hagborg, W. J. (1994). An exploration of school membership among middle and high-school students. *Journal of Psychoeducational Assessment*, *12* (4), 312 - 323.

Hombrados-Mendieta, M. I. , Gomez-Jacinto, L. , Dominguez-Fuentes, J. M. , & Garcia-Leiva, P. (2013). Sense of community and satisfaction with life among immigrants and the native population. *Journal of Community Psychology*, *41* (5), 601 - 614.

Jason, L. A. , Stevens, E. , & Light, J. M. (2016). The relationship of sense of community and trust to hope. *Journal of Community Psychology*, *44* (3), 334 - 341.

Laux, D. , Luse, A. , & Mennecke, B. E. (2016). Collaboration, connectedness, and community: An examination of the factors influencing student persistence in virtual communities. *Computers in Human Behavior*, *57*, 452 - 464.

Lounsbury, J. W. , Loveland, J. M. , & Gibson, L. W. (2003). An investigation of psychological sense of community in relation to big five personality traits. *Journal of Community Psychology*, *31* (5), 531 - 541.

Lounsbury, J. W. , & DeNeui, D. (1995). Psychological sense of community on campus. *College Student Journal*, *29* (*3*), 270 - 277.

Lounsbury, J. W. , & DeNeui, D. (1996). Collegiate psychological sense of community in relation to size of college/university and extroversion. *Journal of Community Psychology*, *24* (4), 381 - 394.

Mayberry, M. L. , Espelage, D. L. , & Koenig, B. (2009). Multilevel modeling of direct effects and interactions of peers, parents, school, and community influences on adolescent substance use. *Journal of Youth & Adolescence*, *38* (8), 1038 - 1049.

Mcauliff, K. E. , Williams, S. M. , & Ferrari, J. R. (2013). Social justice and the university community: Does campus involvement make a difference? *Journal of Prevention & Intervention Community*, *41* (41), 244 - 254.

Mccarthy, M. E. , Pretty, G. M. , & Catano, V. (1990). Psychological sense of community and student burnout. *Journal of College Student Development*, *31* (3), 211 - 216.

Mcmillan, D. W. , & Chavis, D. M. (1986). Sense of community: A definition and theory. *Journal of Community Psychology*, *14* (1), 6 - 23.

Morrill, A. C. , Mcelaney, L. , Peixotto, B. , Vanvleet, M. , & Sege, R. (2015). Evaluation of all babies cry, a second generation universal abusive head trauma prevention program. *Journal of Community Psychology*, *43* (3), 296 - 314.

Obst, P. L. , & White, K. M. (2004). Revisiting the sense of community index: A confirmatory factor analysis. *Journal of Community Psychology*, *32* (6), 691 – 705.

O'Connor, B. (2013). From isolation to community: Exploratory study of a sense-of-community intervention. *Journal of Community Psychology*, *41* (8), 973 – 991.

Osterman, K. F. (2000). Students' need for belonging in the school community. *Review of Educational Research*, *70* (3), 323 – 367.

Pan, S. W., & Carpiano, R. M. (2013). Immigrant density, sense of community belonging, and suicidal ideation among racial minority and white immigrants in canada. *Journal of Immigrant & Minority Health*, *15* (1), 34 – 42.

Perkins, D. D., Florin, P., Rich, R. C., Wandersman, A., & Chavis, D. M. (1990). Participation and the social and physical environment of residential blocks: Crime and community context. *American Journal of Community Psychology*, *18* (1), 83 – 115.

Peterson, D. J., Christiansen, A. L., Guse, C. E., & Layde, P. M. (2015). Community translation of fall prevention interventions: The methods and process of a randomized trial. *Journal of Community Psychology*, *43* (8), 1005 – 1018.

Petrillo, G., Capone, V., & Donizzetti, A. R. (2016). Classroom sense of community scale: Validation of a self-report measure for adolescents. *Journal of Community Psychology*, *44* (3), 399 – 409.

Prezza, M., Amici, M., Roberti, T., & Tedeschi, G. (2001). Sense of community referred to the whole town: Its relations with neighboring, loneliness, life satisfaction, and area of residence. *Journal of Community Psychology*, *29* (1), 29 – 52.

Prezza, M., & Pacilli, M. G. (2007). Current fear of crime, sense of community and loneliness in italian adolescents: The role of autonomous mobility and play during childhood. *Journal of Community Psychology*, *35* (2), 151 – 170.

Reich, S. M., Black, R. W., & Korobkova, K. (2014). Connections and communities in virtual worlds designed for children. *Journal of Community Psychology*, *42* (3), 255 – 267.

Rovai, A. P. (2002). Development of an instrument to measure classroom community. *Internet & Higher Education*, *5* (3), 197 – 211.

Royal, M. A., & Rossi, R. J. (1996). Individual-level correlates of sense of community: Findings from workplace and school. *Journal of Community Psychology*, *24* (24), 395 – 416.

Sarason, S. B. (1974). *The Psychological Sense of Community: Prospects for a Community Psychology Jossey-Bass*, Oxford.

Sayer, E., Beaven, A., Stringer, P., & Hermena, E. (2013). Investigating sense of community in primary schools. *Educational & Child Psychology*, *30* (1), 9 – 25.

Suitor, D. T. (2013). Social support, sense of community, and psychological distress among college students: Examining the impact of university housing units. *Proquest Llc*, *117*.

Vieno, A., Lenzi, M., Santinello, M., & Scacchi, L. (2013). Sense of community, unfairness, and psychosomatic symptoms: A multilevel analysis of italian schools. *Journal of Adolescent Health*, *53* (1), 142-145.

Vieno, A., Santinello, M., Pastore, M., & Perkins, D. D. (2007). Social support, sense of community in school, and self-efficacy as resources during early adolescence: An integrative model. *American Journal of Community Psychology*, 39 (1), 177-190.

Vora, R. S., & Kinney, M. N. (2014). Connectedness, sense of community, and academic satisfaction in a novel community campus medical education model. *Academic Medicine Journal of the Association of American Medical Colleges*, *89* (1), 182-187.

Williams, S. M., & Ferrari, J. R. (2015). Identification among first-generation citizen students and first-generation college students: An exploration of school sense of community. *Journal of Community Psychology*, *43* (3), 377-387.

Zordan, R., Butow, P., Kirsten, L., Charles, M., Hobbs, K., & Batterby, E., et al. (2015). Supporting the supporters: A randomized controlled trial of interventions to assist the leaders of cancer support groups. *Journal of Community Psychology*, *43* (3), 261-277.

Research on the Sense of Community in Schools: Retrospect and Prospect

Luo Nian, Chen Hong

(Faculty of Psychology, Southwest University, Chongqing, 400715, China)

Li Shuhui, Liu Yu

(Center for Studies of Education and Psychology of Ethnic Minorities, Southwest University, Chongqing, 400715, China)

Abstract: Community psychology is a combination of sociology and clinical psychology of the new cross subject, focus on the relation between individual, community and society. Through mutual cooperation and common action research devoted to understanding and improving the quality of individual, community and social life. Community psychology is closely related to the life of every member of the community. However, the discipline is still in it's infancy in China. Many concepts, methods are mostly used for reference in the west. The sense of community is the perception of the similarity and interdependence of others, which is the emotion of an individual belonging to a stable structure (Sarason, 1974). Learning and summarizing excellent community psychology articles can help us to further promote the development of this subject in our country. As one of the core concepts of community psychology, sense of community has a pivotal role in this field. This paper focuses on the sense of community in the context of school, and summarizes the concept, measurement, influencing factors and research significance. Sense of community in the school involves psychological conditions that promote students' survival, development, and mutual influence. As a special form of community, school is in the middle position of the community continuum. In the early stage, the main use of the measurement is Sense of Community Index (SCI) based on McMillan and Chavis' four elements of the theoretical model. Rovai et al. (2004) conducted a detailed survey of the sense of community in the context of the school, developed the Classroom Community Scale (CCS) and the Classroom and School Community Inventory (CSCI), then distinguished the classroom community and learning community. In addition, there are some researchers used the Sense of School Belongingness (SSOC) and Classroom Sense of Community Scale (SoC – C) to assess the level of sense of community for school community members. This paper probes into the influence factors of the sense of community in school from two aspects-the individual and the environment. On the one hand, the individual factors include personality traits, extracurricular activities, gender and other demographic variables. On the other hand, environmental factors include school size, school type, social support etc. Sense of community in school plays a key role in students' academic achievement and physical and mental health. Lack of sense of community can lead to many psychological problems. Combined with relevant literature, attention has also been devoted to recommendations of relevant educational institutions regarding how to implement measures and educational programs that cultivate students' sense of community to reduce their psychological and behavioral problems. For future sense of community surveys, researchers should consider whether associated scales are in accordance with subjects in the cultural and historical background and focus on how to develop and construct suitable measure for Chinese characteristics. The innovation of this paper is to summarized the sense of community at home and abroad in recent years, and pays special attention to school. And provided a new idea for school teachers and administrators on how to prevent the mental health of the students and student burnout.

Keywords: School; Community; Sense of Community; Mental Health

附录

1. Sense of Community Index （社区感指数）

Long, D. A., & Perkins, D. D. (2003). Confirmatory factor analysis of the sense of community index and development of a brief SCI. *Journal of Community Psychology*, 31 (3), 279 – 296.

True/False 正确/错误

(1) I think my block is a good place for me to live.
我认为这个社区很适合我居住。

(2) People on this block do not share the same values.
社区中的成员并没有共同的价值观念。

(3) My neighbors and I want the same things from the block.
我和我的邻居都想从社区中获得相似的东西。

(4) I can recognize most of the people who live on my block.
我认识社区中的大多数人。

(5) I feel at home on this block.
这个社区总能让我体验到家的感觉。

(6) Very few of my neighbors know me.
没有多少邻居了解我。

（7） I care about what my neighbors think of my actions.
我很关心邻居对我的看法。

（8） I have almost no influence over what this block is like.
我对这个社区几乎没有什么影响。

（9） If there is a problem on this block people who live here can get it solved.
如果社区有问题发生，住在社区的人会将其解决。

（10） It is very important to me to live on this particular block.
住在这个特殊的社区对我来说很重要。

（11） People on this block generally don't get along with each other.
这个社区的人通常不与其他人相处。

（12） I expect to live on this block for a long time.
我期待在这个社区生活很长一段时间。

2. The Classroom and School Community Inventory（课堂与学校社区问卷）

Rovai, A. P., Wighting, M. J., & Lucking, R. (2004). The classroom and school community inventory: Development, refinement, and validation of a self-report measure for educational research. *Internet & Higher Education*, 7 (4), 263 – 280.

Classroom form

Directions: Below you will see a series of statements concerning a specific course you are presently aking or recently completed. Read each statement carefully. Place an X in the parentheses to the right of the statement that comes closest to indicate how you feel about the course. You may use a pencil or pen.

There are no correct or incorrect responses. If you neither agree nor disagree with a statement or are uncertain, place an X in the neutral (N) area. Do not spend too much time on any one statement, but give the response that seems to describe how you feel. Please respond to all items.

Strongly agree（完全同意）, agree（同意）, Neutral（中立）, Disagree（不同意）, Strongly disagree（完全不同意）。

指导语：接下来你将会看到一系列有关你最近正在进行或完成的具体

课程的陈述。请认真阅读每条陈述。在每条陈述右边的括号里选择最接近你想法的选项并标记“×”。你可以使用铅笔或钢笔，答案无正确好坏之分。如果你对某项表述不是十分确定，请选择中立。在每项陈述上不用花太多时间，但请选出最接近你想法的选项。请完成所有项目。

(1) I feel that students in this course care about each other.
我认为课程中的学生互相关心。

(2) I feel that I receive timely feedback in this course.
我认为我在课程中获得了及时的反馈。

(3) I feel connected to others in this course.
我在课程中与他人紧密联系。

(4) I feel that this course results in only modest learning.
我认为课程的学习效果一般。

(5) I trust others in this course.
我信任课程中的其他人。

(6) I feel that I am given ample opportunities to learn in this course.
我认为在课程中我有大量的机会来学习。

(7) I feel that I can rely on others in this course.
我认为我可以依赖课程中的其他人。

(8) I feel that my educational needs are not being met in this course.
我认为我的教育需求并没有在课程中得到满足。

(9) I feel confident that others in this course will support me.
我有信心课程中的其他人会支持我。

(10) I feel that this course does not promote a desire to learn.
我认为课程并没有促进我学习的欲望。

School form

Directions: Below you will see a series of statements concerning life at your school at large. Read each statement carefully. Place an X in the parentheses to the right of the statement that comes closest to indicate how you feel about school life. You may use a pencil or pen. There are no correct or incorrect responses. If you neither agree nor disagree with a statement or are uncertain, place an X in the neutral (N) area. Do not spend too much time on any one statement, but give the response that seems to describe how you feel. Please respond to all items.

Strongly agree（完全同意），agree（同意），Neutral（中立），Disagree（不同意），Strongly disagree（完全不同意）。

指导语：接下来你将会看到一系列有关对你最近学校生活的陈述。请认真阅读每条陈述。在每条陈述右边的括号里选择最接近你想法的选项并标记“×”。你可以使用铅笔或钢笔，答案无正确好坏之分。如果你对某项表述不是十分确定，请选择中立。在每项陈述上不用花太多时间，但请选出最接近你想法的选项。请完成所有项目。

（1）I have friends at this school to whom I can tell anything.
我在学校里有知无不言的朋友。

（2）I feel that this school satisfies my educational goals.
我觉得学校满足了我的教育目标。

（3）I feel that I matter to other students at this school.
我与学校中的其他人密切相关。

（4）I feel that this school gives me ample opportunities to learn.
我认为学校给予了我充足的学习机会。

（5）I feel close to others at this school.
学校中的其他人让我感到很亲密。

（6）I feel that this school does not promote a desire to learn.
我认为学校并没有促进我学习的欲望。

（7）I regularly talk to others at this school about personal matters.
我时常与学校中的其他人谈论私事。

（8）I share the educational values of others at this school.
我与学校中的其他人分享教育价值观。

（9）I feel that I can rely on others at this school.
我可以依赖学校中的其他人。

（10）I am satisfied with my learning at this school.
我很满意我在学校中的学习。

3. 学校归属感量表（Psychological Sense of School Membership Scale, PSSM）

Goodenow, C. （1993）. The psychological sense of school membership among adolescents: Scale development and educational correlates. *Psychology in the Schools*, 30 （1）, 79 –90.

这是一份学校归属感量表，针对如下的每一个问题，根据你的情况来进行选择，数字 1—6 代表的含义如下：1 完全不同意，2 不同意，3 基本不同意，4 基本同意，5 同意，6 完全同意。

（1） I feel like a real part of (name of school).
我感觉自己好像这所学校的一分子。

（2） People here notice when I'm good at something.
学校的人留意到我善于做某一方面的事情。

（3） It is hard for people like me to be accepted here. （reversed）.
这所学校很难接受我这种学生。

（4） Other students in this school take my opinions seriously.
这所学校的其他同学认真地采纳我的意见。

（5） Most teachers at (name of school) are interested in me.
学校大部分老师对我感兴趣。

（6） Sometimes I feel as if I don't belong to here. （reversed）.
有时我感觉我好像不属于这所学校。

（7） There's at least one teacher or other adult in this school I can talk to if I have a problem.
当我有困难时，在学校里至少有一个老师或成年人是我能向他倾诉的。

（8） People at this school are friendly to me.
学校里的人对我很友善。

（9） Teachers here are not interested in people like me. （reversed）.
学校里的老师对我这种人不感兴趣。

(10) I am included in lots of activities at (name of school).
我在学校里参与了很多活动。

(11) I am treated with as much respect as other students.
我得到了和其他同学一样的尊重。

(12) I feel very different from most other students here.
在学校，我感觉与大部分同学很不一样。

(13) I can really be myself at this school.
在学校里我能做真实的自己。

(14) The teachers here respect me.
学校的老师尊重我。

(15) People here know I can d o good work.
学校的人知道我能把工作做好。

(16) I wish I were in a different school. (reversed).
我希望我是在另一所学校就读。

(17) I feel proud of belonging to (name of school).
我对于属于这所学校而感到自豪。

(18) Other students here like me the way I am.
学校的其他同学喜欢我做事的方式。

4. Classroom Sense of Community Scale（课堂社区感量表）

Rovai, A. P. (2002). Development of an instrument to measure classroom community. *Internet & Higher Education*, 5 (3), 197 -211.

Directions: Below, you will see a series of statements concerning a specific course or program you are presently taking or have recently completed. Read each statement carefully and place an X in the parentheses to the right of the statement that comes closest to indicate how you feel about the course or program. You may use a pencil or pen. There are no correct or incorrect responses. If you neither agree nor disagree with a statement or are uncertain, place an X in the neutral (N) area. Do not spend too much time on any one statement, but give the response that seems to describe how you feel. Please respond to all items.

Strongly agree（完全同意），agree（同意），Neutral（中立），Disagree（不同意），Strongly disagree（完全不同意）。

指导语：接下来你将会看到一系列有关你最近正在进行或完成的具体课程的陈述。请认真阅读每条陈述。在每条陈述右边的括号里选择最接近你想法的选项并标记“×”。你可以使用铅笔或钢笔，答案无正确好坏之分。如果你对某项表述不是十分确定，请选择中立。在每项陈述上不用花太多时间，但请选出最接近你想法的选项。请完成所有项目。

（1）People in this class support each other.
班上的同学们相互支持。

（2）This class gives me the opportunity to do many things.
班级给予了我很多学习的机会。

（3）This is a good class.
这是一个优秀的班级。

（4）Everyone appreciates and loves the class environment.
每个人都十分欣赏和爱护班级环境。

（5）People in this class collaborate.
同学们相互合作。

（6）People in this class work together to make things better.
同学们一起工作解决问题。

（7）In this class there is a willingness to help one another.
班上的同学们愿意相互帮助。

（8）People in this class are an important source of moral support to me.
对我来说，班上的同学是一种重要的精神支持。

（9）I feel I belong to this class.
我属于这个班级。

（10）I think I have a lot in common with my classmates.
我认为我和同学们有很多共同点。

（11）In this class, when I want I can find someone to talk to.
在班上，当我有需要的时候我能找到可以倾诉的人。

（12）The most of my “real” friends are in this class.
我的大多数真朋友都在这个班上。

（13）If I need help I can speak to someone in this class.
当我需要的时候我可以寻求班上任何一个人的帮助。

（14）In this class there are people who know how to be close to me when I need it.
当我需要的时候班上有人知道如何安慰我。

（15）Here I feel secure.
在这里我感觉很安全。

（16）In this class, people look for each other and want to be together.
在班级里，人们相互照顾不离不弃。

（17）I spend a lot of time with my classmates.
我大多数时间和同学们待在一起。

（18）I like to stay with my classmates.
我喜欢和同学们待在一起。

（19）This class, compared to others, has many positive aspects.
比起其他班级，这个班级有很多积极的方面。

（20）There are activities that young people can do in this class.
班级里有很多年轻人的活动。

（21）In this class there are enough initiatives aimed at young people like me.
像我一样的年轻人在班上有足够的主动权。

（22）I think that people here have the potential to change the things that do not work.
我认为这里的人有潜力改变无用的东西。

（23）In this class it is easy to find information about things that interest young people like me.
在这个班里很容易找到像我一样的年轻人感兴趣的东西。

（24）If we were given the opportunity I guess that we students could organize something nice for this class.
我想如果有机会，同学们可以为班级组织一些好的东西。

（25） If in this class we organize we have a good chance to achieve our desired objectives.

如果我们在自己组织的班级里，就更有可能获得我们想要的东西。

（26） In the end I believe that if we work harder we could have the chance to make things better for young people like us.

最后我认为如果我们一起努力工作就能战胜困难。

大学生安全意识与健康危险行为的关系：感觉寻求的调节效应*

吴小勇**　孔　浩
（贵阳中医学院人文与管理学院）
赵福菓
（贵阳学院教育科学学院）

摘　要　以1285名大学生为研究对象，通过问卷调查的方法，探讨安全意识与健康危险行为的关系以及感觉寻求的调节效应。结果发现，（1）健康危险行为的发生率为47.5%，男生的发生率显著高于女生；（2）安全意识对健康危险行为具有显著的直接预测作用；（3）调节效应分析显示，感觉寻求在女生的安全意识与健康危险行为关系中不存在调节效应，在男生的安全意识与健康危险行为关系中具有调节效应，较高的感觉寻求倾向会降低安全意识对健康危险行为的预测效应。最后，在此基础上探讨了大学生安全意识教育相关问题。

关键词　安全意识　健康危险行为　感觉寻求　调节效应　安全意识教育

一　引言

在2016年3月的全国“两会”期间，时任教育部部长袁贵仁曾指出，当前校园里两亿学生的安全问题是教育部面临的压力最大的问题，同时指出，需要提高学生的自我保护、自我防范的意识。当前，大学生安全问题

---

* 本文受全国教育科学“十三五”规划2017年度课题（编号：BBA170070）的资助。

** 通讯作者：吴小勇，贵阳中医学院副教授，E－mail：ahxywu@ gmail. com。

是社会关注的热点，多数高校试图通过各类安全意识教育的途径来提升大学生安全意识（safety awareness/safety consciousness）水平，以应对学生安全问题。通过查阅国内关于安全意识教育以及学生安全意识研究的相关文献，发现多数研究者并没有厘清安全意识的内涵，这导致不同的研究对安全意识的理解以及对其外延的把握各不相同。

关于安全意识的研究最早起源于工作环境领域（Forcier，Walters，Brasher et al.，2001），相关研究者将安全意识描述为，外部环境的线索会触发个体进行自动化的前决策加工，从而引起个体对环境威胁、利害关系以及防范行动的知觉（Stubbé，van Emmerik，Kerstholt et al.，2017）。安全是人类的基本需求，涉及人类生活的方方面面。从本体论出发，安全既是客观存在的和谐状态，又是对客观存在的和谐状态的主观判断，它是辩证关系的统一体，反映了主观与客观、主体与客体、动态与静态的辩证统一（翟安康，2015）。这一概念所具备的主观、主体、动态属性主要通过个体对客观存在进行心理加工的过程体现出来，可见，“安全”的状态是认知加工的结果。在此基础上，可以认为安全意识是对这一认知加工结果的觉知，属于一种认知能力。

作为国内青少年健康危险行为（adolescent health risk behavior）研究的发起者，季成叶（2009）认为凡是给青少年健康、完好状态乃至终生的生活质量造成直接或间接损害的行为，通称青少年健康危险行为。目前多数研究关注青少年健康危险行为的现状和基本特征，鲜有研究通过心理因素的角度来解释健康危险行为。按照学生安全意识已有研究的基本逻辑，安全意识水平的提升会利于危险行为的减少。工作环境领域的研究发现，虽然安全意识与安全行为之间存在显著相关，但是安全意识水平较高的个体并不一定具备良好的安全行为规范（金如峰，甘才兴，柴尚健等，2003），也不一定具备良好的危险情境识别能力以及应对能力（Walters，Lawrence，& Jalsa，2017）。健康危险行为可能不仅仅与安全意识相关，还可能与人格（Forcier，Walters，Brasher et al.，2001）、需求（Toyoda，Takeuchi，Ichikawa et al.，2016）、安全态度（李彦章，王正国，尹志勇等，2008）、危险情境的熟悉度等因素有关。Zuckerman 将感觉寻求（sensation seeking）描述为对形形色色感觉和体验的需要，以及通过冒险寻求这类体验的意愿（Derefinko，Peters，Eisenlohr-Moul et al.，2014）。已有研究发现，高感觉寻求人格倾向的个体与一系列危险行为存在显著的关联，比如危险性行为（Derefinko，Peters，Eisenlohr-Moul et al.，2014）、危险驾驶行为（李彦章，王正国，尹志勇等，2008）、药物滥用（Conrod，Stewart，Pihl et al.，2000）等。

已有研究结果虽然显示了安全意识和感觉寻求可能对健康危险行为具有影响作用，但是两者如何共同作用于健康危险行为却值得进一步探讨。健康危险行为一方面会导致个体生活质量的损害，另一方面也会为个体带来某种程度的收益，安全意识作为一种情境认知能力，利于个体识别和应对危险情境，但在危险行为决策过程中可能并不能将其作为一个相对独立的预测因素，感觉寻求的人格倾向可能在健康危险行为的决策过程中起到相应的调节作用（见图1）。本研究假设，安全意识和感觉寻求对健康危险行为的影响过程存在交互作用，在感觉寻求水平较高时，安全意识对健康危险行为的预测作用有限，而在感觉寻求水平较低时，安全意识会对健康危险行为具有显著预测作用。以往研究发现，相对于青少年男性来说，青少年女性倾向于将行为的危险水平放大，对危险行为所造成的潜在损害更加敏感，同时，面对危险行为时也更加焦虑（Reniers，Murphy，Lin et al.，2016），这可能会造成男性与女性在安全意识、感觉寻求与健康危险行为的关系模式上存在一定差异，鉴于此，本研究在区分性别的基础上，分别考察三者之间的关系。

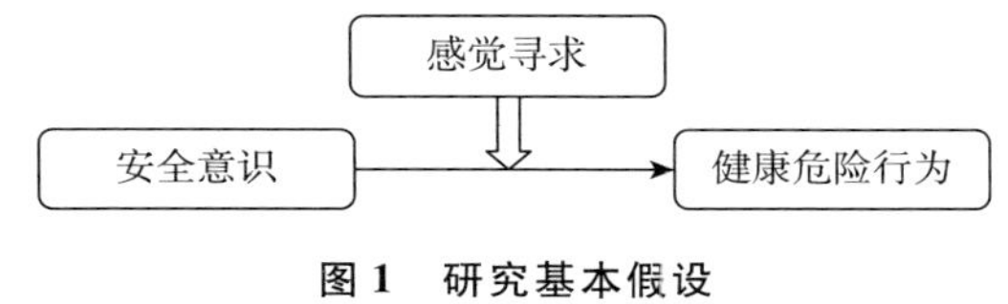

图1　研究基本假设

二　方法

（一）研究对象

以贵州、重庆地区六所高校全日制大学生为研究对象。共发放问卷1400份，收回有效问卷1285份，有效率达91.79%。在有效问卷中，大学一至四年级分别有252人、795人、200人、38人；女生825人，男生460人；年龄在15岁至31岁，平均年龄为20.60岁。

（二）研究工具

（1）大学生安全意识问卷。采用自编“大学生安全意识问卷”（吴小勇，2017），该问卷在安全意识的认知能力本质属性基础上编制而成，包含18个题项，分为三个维度，分别为安全认知监测（8个题项）、安全认知知识（5个题项）、安全认知体验（5个题项），问卷采用五点计分，各维度所含题项得分相加求平均数作为各维度得分，所有维度的得分相加求平均数作为最终的得分，得分越高代表安全意识水平越高。该问卷具有良好的信效度，进行验证性因素分析得出以下拟合指数：$\chi^2=563.71$，$df=132$，NNFI = 0.91，NFI = 0.91，CFI = 0.92，RMSEA = 0.074，表明问卷结构效度良好。本研究中，该问卷总体、安全认知监测维度、安全认知知识维度和安全认知体验维度的内部一致性 α 系数分别为0.93、0.89、0.81、0.81。

（2）感觉寻求量表。采用李彦章等（2008）修订的Zuckerman的“简易感觉寻求量表”，单一维度，量表包含19个题项，每个题项有“是”和“否”两类选项，“是”计2分，“否”计1分，得分越高代表感觉寻求倾向水平越高。在本研究中，该量表的内部一致性 α 系数为0.80。

（3）大学生危险行为问卷。采用林静（2008）编制的“大学生危险行为问卷”，单一维度，该调查问卷共30个题项，包括有意或无意伤害行为、网络危险行为、烟酒行为、性行为、尝试毒品行为、不健康的饮食和减肥行为、缺乏体育运动7类，采用五点计分，问卷的选项包括“从不”、“偶尔”、“有时”、“几乎经常”、“经常”，依次计1－5分，总体得分越高代表危险行为水平越高。在本研究中，该量表的内部一致性 α 系数为0.83。

（三）问卷施测

问卷均由心理学专业本科生组织集体施测。测试前表达知情同意，同时统一指导语，详细说明测试过程中的注意事项，测试后致谢，并检查问卷漏填情况，现场指导研究对象补填遗漏题项。

（四）数据处理与统计分析

采用SPSS 21.0进行数据管理和统计分析，主要使用了描述性统计、χ^2检验、相关分析、分层回归分析以及简单斜率检验等统计方法。

三　结果

（一）大学生健康危险行为总体状况分析

根据已有研究的结果处理方式（林静，2008），问卷总体平均得分大于等于 2 分即被界定为存在健康危险行为，低于 2 分为不存在健康危险行为。在本研究中，共有 611 名大学生符合存在健康危险行为的标准，占总体人数的 47.5%。在男女生群体中，发生率分别为 58.0% 和 41.4%，男生的发生率显著高于女生（$\chi^2 = 15.96$，$p < 0.01$）。根据年龄的均值，将小于等于 20 岁大学生作为低龄组，大于等于 21 岁大学生作为高龄组，发现在高低龄群体中，健康危险行为发生率分别为 45.72% 和 50.25%，不同年龄群体之间健康危险行为的发生率不存在显著差异（$\chi^2 = 2.08$，$p > 0.05$）。受限于各年级抽样人数不均等，分别将大一和大二学生作为低年级组，大三和大四学生作为高年级组，发现在高低年级群体中，健康危险行为发生率分别为 52.83% 和 51.63%，不同年级群体之间健康危险行为的发生率不存在显著差异（$\chi^2 = 0.05$，$p > 0.05$）。

（二）大学生安全意识、感觉寻求和健康危险行为的相关分析

大学生安全意识与感觉寻求倾向和健康危险行为均呈显著负相关，感觉寻求倾向与健康危险行为呈显著正相关（见表 1）。

表 1　变量的描述性统计及相关分析结果

	总体			男生			女生		
	M ± SD	1	2	M ± SD	1	2	M ± SD	1	2
1. 安全意识	3.48 ± .70			3.55 ± .73			3.44 ± .67		
2. 感觉寻求	1.07 ± .07	−.19**		1.07 ± .07	−.19**		1.07 ± .07	−.17**	
3. 危险行为	2.04 ± .52	−.11**	.21**	2.15 ± .54	−.18**	.18**	1.97 ± .48	−.09*	.23**

注：* 代表 $p < 0.05$，** 代表 $p < 0.01$，下同。

（三）大学生安全意识对健康危险行为的预测效应

采用分层回归分析检验大学生安全意识对健康危险行为的预测作用，

结果发现控制了年级、年龄的影响之后，安全意识对健康危险行为具有显著的负向预测作用（$\beta = -0.11$，$p < 0.01$），其独立解释率为1.1%。分别从不同性别来看，无论男生还是女生群体，安全意识对健康危险行为均具有显著的负向预测作用（$\beta_{男生} = -0.16$，$\beta_{女生} = -0.09$，$ps < 0.01$），但是在男生群体中，安全意识的解释率为2.1%，在女生群体中，其解释率仅为0.5%（见表2）。

表2 大学生安全意识对健康危险行为的预测作用

	总体			男生			女生		
	$\triangle R^2$	β	t	$\triangle R^2$	β	t	$\triangle R^2$	β	t
年龄	.000	.03	.84	-.001	.00	-.00	-.002	-.00	-.06
年级	.000	.02	.49	-.002	.05	.79	-.003	.03	.60
安全意识	.011	-.11	-3.50**	.021	-.16	-3.16**	.005	-.09	-2.46**

（四）感觉寻求在大学生安全意识对健康危险行为预测作用中的调节效应

根据调节效应的检验方法，首先将安全意识和感觉寻求得分均分进行中心化，然后采用分层回归分析考察安全意识与感觉寻求的交互作用对健康危险行为是否具有显著的预测效应。结果发现，安全意识和感觉寻求对健康危险行为均具有显著的直接预测作用（$\beta = -0.09$，$\beta = 0.41$，$ps < 0.01$），安全意识与感觉寻求的交互作用也对健康危险行为具有显著的预测效应（$\beta = 0.11$，$p < 0.05$）。从不同性别来看，在男生群体中，安全意识和感觉寻求对健康危险行为均具有显著的预测作用（$\beta = -0.16$，$\beta = 0.48$，$ps < 0.01$），安全意识与感觉寻求的交互作用也对健康危险行为具有显著的预测效应（$\beta = 0.23$，$p < 0.01$），而在女生群体中，安全意识对健康危险行为的直接预测效应不显著（$\beta = -0.07$，$p > 0.05$），安全意识与感觉寻求的交互作用对健康危险行为的预测效应也不显著（$\beta = -0.06$，$p > 0.05$），仅感觉寻求对健康危险行为具有显著的正向预测作用（$\beta = 0.41$，$p < 0.01$）（见表3），这说明感觉寻求人格倾向在不同性别群体中发挥的作用不一致，仅在男生群体中存在显著的调节效应。

表 3　感觉寻求在安全意识对健康危险行为预测作用中的调节效应

	总体			男生			女生		
	$\triangle R^2$	β	t	$\triangle R^2$	β	t	$\triangle R^2$	β	t
年龄	-.001	.00	.03	-.001	.00	.06	-.002	.00	.05
年级	-.001	.05	.87	-.002	.07	.65	-.003	.05	.64
安全意识	.018	-.09	-2.87**	.021	-.16	-3.13**	.005	-.07	-1.65
感觉寻求	.054	.41	6.76**	.048	.48	4.45**	.052	.41	5.45**
安全意识*感觉寻求	.060	.11	2.46*	.078	.23	3.68**	.051	-.06	-.79

为更具体分析感觉寻求在安全意识和健康危险行为关系中的调节效应，采用简单斜率分析对数据进行了进一步统计。按照平均分加减一个标准差对感觉寻求进行分组，均分高于平均分加一个标准差为高分感觉寻求组，得分低于平均分减一个标准差为低分感觉寻求组。根据回归方程，分析在不同感觉寻求水平下男生安全意识对健康危险行为的预测效应。图 2 显示，在感觉寻求倾向水平较低时，男生安全意识对健康危险行为具有显著的负向预测效应（$\beta = -0.24$，$t = -1.85$，$p < 0.05$），在感觉寻求倾向水平较高时，男生安全意识对健康危险行为的预测效应不显著（$\beta = 0.07$，$t = 0.41$，$p > 0.05$），这表明，男生感觉寻求倾向水平较高，会降低安全意识对健康危险行为的预测效应。

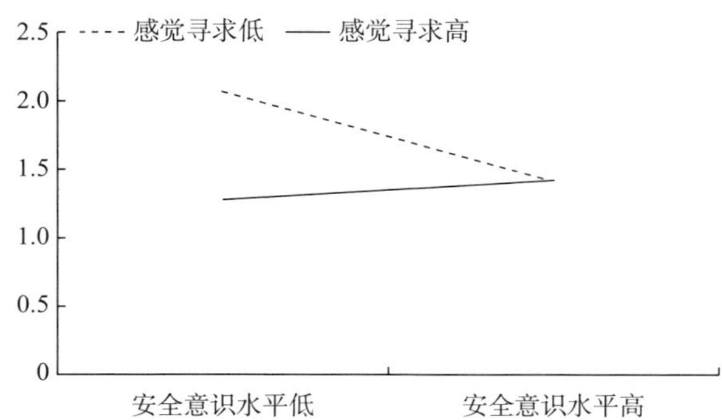

图 2　感觉寻求在安全意识对健康危险行为预测中的调节效应

四 讨论与建议

健康危险行为的总体发生率为47.5%，这说明健康危险行为在大学生群体中是一种相对普遍的现象，男生的健康危险行为的发生率为58.0%，女生健康危险行为的发生率为41.4%，前者显著高于后者。这一结果与以往对中学生和大学生研究的发现是一致的（李晴雨，宋娟，马迎华等，2017；李宇树，张剑峰，祖母拉提·阿布都热依木等，2015），相关研究者认为这可能与男性较女性更易冲动，更喜欢冒险刺激有关（杨悦，黄建萍，李春建等，2016），但是在本研究中，感觉寻求人格倾向在性别上并没有显著差异（$t=0.29$，$p>0.05$），可见男生更加冲动更乐于寻求刺激可能并不能解释健康危险行为在性别上的差异。已有研究发现，相对于女性，男性更加注重社会地位和支配性，在人格外向性维度的部分指标上，男性得分显著高于女性（Larsen & Buss，2015），这些特征可能会让男性有着更强的环境探索的欲望，有着更广的社会活动范围，从而导致其更容易接触到健康危害相关事物。

本研究探讨了安全意识对大学生健康危险行为的影响，结果发现，安全意识对健康危险行为具有显著的直接预测效果，这与以往相关研究的发现是相一致的（金如峰，甘才兴，柴尚健等，2003）。在安全意识对健康危险行为的直接预测效果中，男生群体的解释率为2.1%，而女生群体的解释率仅为0.5%。在引入感觉寻求人格变量时，安全意识仍然对男生健康危险行为具有显著的直接预测效果（$\beta=-0.16$，$p<0.01$），但是安全意识对女生健康危险行为的直接预测效果没有统计学意义（$\beta=-0.07$，$p>0.05$），与此同时，引入感觉寻求变量后的模型对女生健康危险行为的解释率则高达5.2%，这似乎表明安全意识作为一种认知能力变量在健康危险行为的预测作用中存在性别差异，相对于相关认知能力，相关人格变量对于女生健康危险行为更具有解释力。众多研究表明，相对于男性，女性对情绪更加敏感（袁加锦，汪宇，鞠恩霞等，2010），情绪的因素必然会对女性的行为产生一系列影响，这可能在一定程度上会降低认知因素在女性行为决策过程中的作用。具体到危险行为的研究上，已有研究显示，相对于青少年男性来说，青少年女性倾向于将行为的危险水平放大，对危险行为所造成的潜在损害更加敏感，同时，面对危险行为时也更加焦虑（Reniers，Murphy，Lin et al.，2016），这可能会抑制安全意识这一认知能力在危险行为决策中的影响力。

通过感觉寻求的调节效应分析发现，感觉寻求在男女生群体中发挥的作用不同。感觉寻求对女生健康危险行为具有直接预测作用，但是在安全意识对女生健康危险行为预测作用中的调节效应没有显著统计学意义，感觉寻求仅在安全意识对男生健康危险行为预测作用中具有显著的调节效应。在感觉寻求水平较低时，安全意识对男生健康危险行为具有显著的负向预测效应，在感觉寻求倾向较高时，安全意识对男生健康危险行为的预测效应不显著，说明较高的感觉寻求倾向会降低安全意识对健康危险行为的预测效应。这可能意味着较高感觉寻求的男生更关注健康危险行为所带来的心理或生理需求上的满足，较少关注危险行为所带来的身心伤害隐患。

健康危险行为受到多种主客观因素的影响，目前相关研究多关注客观因素在健康危险行为中的作用，本研究发现安全意识和感觉寻求都对大学生健康危险行为存在一定影响，未来研究需更多关注主观因素在健康危险行为中的作用。另外，目前大学生安全意识教育的主要形式更多停留在安全知识和技能的传授，未来在安全意识教育的探索上，可能需要考虑从认知能力提升的角度对大学生安全意识进行专业化的训练，更需要考虑从心理需求和人格的角度挖掘健康危险行为出现的深层次原因，进而对大学生在心理需求满足和人格完善上给予相应的教育和指导。

参考文献

季成叶．(2009)．青少年健康危险行为．*中国学校卫生，28*（4），289－291.

金如峰，甘才兴，柴尚健等．(2003)．化工行业职工安全意识和态度及行为的现况调查．*工业卫生与职业病，29*（2），92－96.

李晴雨，宋娟，马迎华等．(2017)．北京某中学学生健康危险行为与生活技能水平的关系．*中国学校卫生，38*（2），268－272.

李彦章，王正国，尹志勇等．(2008)．摩托车驾驶员驾驶行为、人格、交通安全态度与事故的关系研究．*心理科学，31*（2），491－493.

李宇树，张剑峰，祖母拉提·阿布都热依木等．(2015)．天津高校医学生健康危险行为调查．*中国学校卫生，36*（2），278－280.

林静.（2008）. *大学生危险行为及影响因素研究*. 硕士学位论文，长沙：中南大学.

吴小勇.（2017）. 大学生安全意识问卷编制. *中国健康教育*，待刊中.

杨悦，黄建萍，李春建等.（2016）. 404 名大学生健康危险行为及其影响因素分析. *医学研究生学报*，*29*（2），191－195.

袁加锦，汪宇，鞠恩霞等.（2010）. 情绪加工的性别差异及神经机制. *心理科学进展*，*18*（2），1899－1908.

翟安康.（2015）. "安全问题"的哲学追问. *苏州大学学报（哲学社会科学版）*，*36*（3），21－25.

Conrod, P. J., Stewart, S. H., Pihl, R. O., Cote, S., Fontaine, V., & Dongier, M. (2000). Efficacy of brief coping skills interventions that match different personality profiles of female substance abusers. *Psychology of Addictive Behaviors*, *14*, 231－242.

Derefinko, K. J., Peters, J. R., Eisenlohr-Moul, T. A., Walsh, E. C., Adams, Z. W., & Lynam, D. R. (2014). Relations between trait impulsivity, behavioral impulsivity, physiological arousal, and risky sexual behavior among young men. *Archives of Sexual Behavior*, *43*, 1149－1158.

Forcier, H. B., Walters, A. E., Brasher, E. E., & Jones, J. W. (2001). Creating a safer working environment through psychological assessment: A review of a measure of safety consciousness. *Journal of Prevention & Intervention in the Community*, *22* (1), 53－65.

Larsen, R. J., & Buss, D. M. (2015). *人格心理学：人性的科学探索*. 北京：人民邮电出版社.

Reniers, R. L. E. P, Murphy, L., Lin, A., Bartolomé, S. P., & Wood, S. J. (2016). Risk perception and risk-taking behaviour during adolescence: The influence of personality and gender. *PLoS ONE*, *11* (4), e0153842.

Stubbé, H. E., van Emmerik, M. L., & Kerstholt, J. H. (2017). Helping behavior in a virtual crisis situation: Effects of safety awareness and crisis communication. *Journal of Risk Research*, *20* (4), 433－444.

Toyoda, Y., Takeuchi, M., Ichikawa, H., Tashiro, M., & SuzukiThe, M. (2016). Effects of need factors and environment on the formation of security consciousness. *Transactions on Networks and Communications*, *4* (1), 16－24.

Walters, U. C., Lawrence, W., & Jalsa, N. K. (2017). Chemical laboratory safety awareness, attitudes and practices of tertiary students. *Safety Science*, *96*, 161－171.

The Relationship between Safety Awareness and Health Risk Behavior in College Students: A Moderating Effect of Sensation Seeking

Wu Xiaoyong, Kong Hao

(School of Humanities and Management, Guiyang University of Chinese Medicine, Guiyang, 550025, China)

Zhao Fuguo

(School of Education, Guiyang University, Guiyang, 550005, China)

Abstract: To explore the relationship between safety awareness and health risk behavior in college students, and the moderating effect of sensation seeking. The College Students' Safety Awareness Questionnaire, Health Risk Behavior Questionnaire and Sensation Seeking Scale were adopted to examine 1285 college students. The results showed that (1) the prevalence of health risk behavior was 47.5%, and the prevalence of health risk behavior for male was higher than female, (2) the level of safety awareness negatively predicted the score of health risk behavior, (3) sensation seeking played a moderate role in the relationship between safety awareness and health risk behavior. Specifically, high level of sensation seeking abolished the correlation between safety awareness and health risk behavior for male students. Finally, the author discussed the value of results in safety consciousness education.

Keywords: Safety Awareness; Health Risk Behavior; Sensation Seeking; Moderating Effect; Safety Consciousness Education

朋辈团体心理辅导对贫困大学生积极心理品质养成的有效性研究*

尹晨祖**

（河池学院教师教育学院）

赵玉芳***

（西南大学心理学部）

梁芳美

（河池学院教师教育学院）

摘　要　本研究以自主设计的贫困大学生积极心理品质朋辈团体心理辅导方案，探讨朋辈辅导对贫困大学生积极心理品质养成的有效性。结果显示：在后测中，朋辈辅导组的积极心理品质总分及其六个分维度（智能与知识、正直与勇气、人性与爱、正义与合作、自我管理与谦逊、灵性与超越）的得分以及在这些维度上的前后测得分均值差均显著高于同质对照组。朋辈团体心理辅导对贫困大学生积极心理品质改善效果显著，具有推广价值。

关键词　朋辈团体心理辅导　贫困大学生　积极心理品质

随着经济社会的高速发展，社会对大学生综合素质提出了更高的要求，其中包括要求大学生具备良好的积极心理品质。贫困大学生作为大学生中的一个特殊群体，备受研究者关注。研究显示，相对于非贫困大学生，贫困大学生更容易表现出自卑、抑郁、偏执、焦虑、敏感、敌对、消极情绪

* 本文受广西高校思想政治教育理论与实践立项研究课题（2015SZ012）的资助。

** 通讯作者：尹晨祖，讲师，E－mail：Loochen@ hcnu. edu. cn。

*** 通讯作者：赵玉芳，教授，E－mail：zhaobee@ swu. edu. cn。

体验多、负性情感多等心理问题（何瑾，2007；隋耀伟，2007；朱丽芳，2007；韩国玲，2008；陈嵘，2008；孔宪福，2010）。

仔细考察贫困大学生心理问题的相关研究发现，研究者绝大部分是基于病态模式视角来研究贫困大学生心理，而且重在描述贫困大学生与非贫困大学生在心理健康问题方面的差异性，关注的是贫困大学生消极心理品质，忽视了积极心理品质，更缺乏帮助贫困大学生改善或培养积极心理品质的有效途径和方法。积极心理学认为心理学不能够仅仅关注个体的病态和消极的心理品质，更应关注个体的积极心理品质，关注人类的幸福以及怎样获得幸福或获得幸福的途径、方法与过程，关注人类积极生活品质的改善。Seligman 等人（2010）也提出了积极心理品质的概念，认为“积极心理品质”是可以培养和塑造的（Gable & Haidt，2005；Keyes，& Lopez，2002）。积极心理学思潮催生了大学生积极心理品质研究的热潮。综观与大学生积极心理品质相关的研究发现，研究者主要关注大学生积极心理品质内涵与结构（陈志方，2013）、测量（李自维，2009；孟万金，2009）、现状（陈磊，2011；林士俊，2012）、培养途径等方面，侧重于理论研究。探索一种针对性强、可操作性强并行之有效的帮助贫困大学生培养积极心理品质的方法和途径已经成为高校心理健康教育工作的一个重要课题。本研究旨在探讨通过朋辈团体心理辅导来提高贫困大学生的积极心理品质的有效性。朋辈团体心理辅导对大学生积极心理品质的提高有明显的效果。已有研究证明，朋辈团体心理辅导能有效缓解和改善大学生社交焦虑，提高其人际交往能力（吴素梅，2011；陈娟，2014）；可以显著改善大学生人际关系（李虹岳，2014；尹晨祖，2015）；有效促进个体心理健康（黄雪梅，2011；辛阔林，2015）。本研究采用自己设计的朋辈团体心理辅导方案来促进贫困大学生的积极心理品质，以提高贫困大学生的综合素质。

一　对象与方法

（一）研究对象

按照自愿原则从某本科院校贫困大学生中招募 96 名被试，随机选取

14名被试作为初试对象，将其余82名被试随机编入朋辈辅导组、对照组，每组41人，其中朋辈辅导组男13人、女28人，对照组男15人、女26人。

（二）朋辈心理辅导员选拔和培养

为确保朋辈团体心理辅导的质量与效果，在研究正式实施之前，研究者在全校范围内采取公开招募的方式招募一批朋辈团体心理辅导员。在选拔过程中，按照知识丰富、能力突出、反应敏捷、人格健全、富有亲和力和团队协作精神的标准对选拔对象进行严格的知识笔试、面试和考察。在朋辈团体心理辅导员的培养方面，研究者制定了包括引导阅读、专题讲座、案例分享、主题交流和情景模拟等培训形式，心理学与心理健康相关知识分享、团体心理辅导理论知识与技巧、朋辈团体心理辅导原则与职业道德、大学生心理健康教育教学艺术、团体心理辅导案例分享和朋辈团体心理辅导实战演练与督导等六个专题，36学时，持续9周的详细培训方案。最后，对参加培训的朋辈心理辅导员进行了考核和筛选，最终选聘了1名领导者、1名领导者助理、数名观察员。

（三）辅导方法

参照当前已有的团体心理辅导和朋辈团体心理辅导研究的频次频率设计为6－12次、每次90－120分钟、每周1－2次的惯例（明晶，2008；向群英，2008；宋玉冰，2009；刘富良，2010；李翠云，2016），本研究中的朋辈辅导组接受针对贫困大学生积极心理品质的朋辈团体心理辅导活动，每周1次，每次120分钟，连续10周，共10次。对照组不接受任何处理。实验结束后，对对照组进行积极心理品质的朋辈团体心理辅导。

（四）朋辈团体心理辅导程序

本朋辈团体心理辅导共有团体创建、团体过渡、团体工作和团体结束四个阶段，十个单元，每次团体辅导都通过游戏、小组讨论、角色扮演、个体展示和分享等方式进行。

（五）研究工具

1. 辅导方案

基于积极心理学理论、人本主义心理学理论、团体动力学理论、自我效能感理论、萨提亚理论、归因理论和合作学习理论等理论，按照认知疗法、角色扮演法、小组讨论法和行为训练法的要求，借鉴前人的相关研究成果（郜永琳，2005；樊富珉，2007；李权超，2010；薛香，2010；孔宪福，2010；田国秀，2010；田齐，2011；李敏，2013；张悦，2013；杨志平，2013；李焕玲，2014），从认知、情绪和行为三大维度整体设计了贫困大学生积极心理品质朋辈团体心理辅导初步方案。研究者对从招募的被试中随机选取的14名被试作为初试对象进行了小范围初步施测，在初测过程中，每次仔细观察记录初试对象的反应和感受。初步施测结束后，研究者根据初试对象的分享、反馈或访谈情况了解他们对该辅导方案的感受。初试对象对使用该方案进行的团体心理辅导比较认可。根据初试对象反馈的综合意见对方案进行修改与调整，并邀请了部分心理学专家审核并确定该方案。具体方案见表1。

表1　贫困大学生积极心理品质朋辈团体心理辅导方案

单元	活动名称	活动目标	活动内容	活动形式
1	团体创建阶段：相逢是首歌	激发个人参与团体的兴趣，消除团体的焦虑感，增强信任感和团队意识，确定团体目标，建立团体规范	1. 里外圈循环介绍 2. 大风吹 3. 我们的家 4. 爱的契约	游戏 讨论 分享
2	团体过渡阶段：富裕与贫穷	帮助成员换种思维看贫穷，认识和接纳贫穷，树立正确的贫困观，常怀感恩之心	1. 抢凳子 2. 头脑风暴 3. 心灵茶座 4. 感恩贫穷	游戏 讨论 分享
3	团体过渡阶段：让思维做做操	促进成员突破常规，从多角度思考问题；促进积极思考，培养创新能力	1. 声东击西 2. N种思维 3. 智慧钥匙 4. 同舟共济	游戏 讨论 分享
4	团体工作阶段：优势挖掘	引导成员认识自我，探索自我，挖掘潜能，展现优势，承认限制，扬长避短	1. 快乐兔子 2. 优势背上留言 3. 优势取舍 4. 优势陷阱	游戏 讨论 分享

续表

单元	活动名称	活动目标	活动内容	活动形式
5	团体工作阶段：情绪万花筒	帮助成员了解情绪，学会处理负面情绪，以乐观态度对待生活	1. 情绪传递圈 2. 情绪潘多拉 3. 情绪变身术 4. 善待情绪	游戏 讨论 分享
6	团体工作阶段：与压力共舞	帮助成员了解压力、释放压力，化压力为动力	1. 成长的烦恼 2. 压力透视 3. 压力应对 4. 放松冥想	角色扮演 游戏 讨论 分享
7	团体工作阶段：信任之旅	增强成员对他人的信任感，提高人际交往能力，改善人际交往状况	1. 互帮互助 2. 信任背摔 3. 人体多米诺	角色扮演 游戏 讨论 分享
8	团体工作阶段：守护的天使	引导团体成员掌握与异性交往艺术，感受爱的力量，学会感恩父母、感恩生命	1. 爱在指尖 2. 我爱我家 3. 亲子天平 4. 父母的心声	角色扮演 游戏 讨论 分享
9	团体工作阶段：插上积极的翅膀	帮助成员学会宽容，尊重他人，尊重自己，团结协作	1. 桃花朵朵开 2. 七手八脚 3. 风雨同行 4. 无敌风火轮	角色扮演 游戏 讨论 分享
10	团体结束阶段：飞得更高	升华活动主题，激励成员努力前行	1. 回顾分享 2. 我的祝福伴你行 3. 快乐歌曲串烧	游戏 分享

2. 大学生积极心理品质自评量表

该量表由李自维（2009）编制，分别从智能与知识、正直与勇气、人性与爱、正义与合作、自我管理与谦逊、灵性与超越六个维度了解大学生的积极心理品质，共有72个条目；量表采取“非常不符合我”、“基本不符合我”、“不确定”、“基本符合我”、“非常符合我”五级评分方法，得分越高，表明积极心理品质水平越高；量表信度内部一致性α系数为0.98，分半信度为0.96。

（六）实验设计

采用实验组对照组前后测设计，用大学生积极心理品质自评量表对实验组和对照组分别进行前后测，其中自变量是朋辈辅导（有和无），因变量是大学生积极心理品质。

二 结果

（一）朋辈辅导组和对照组在大学生积极心理品质自评量表上的前测结果

通过独立样本 t 检验，检测朋辈辅导组和对照组被试在大学生积极心理品质自评量表上的得分在前测中是否存在差异。结果显示，朋辈辅导组和对照组在大学生积极心理品质的各个因子和总分的差异均不显著，说明朋辈辅导组和对照组在辅导前各个因子上水平一致，即被试在辅导前是同质的（见表 2）。

表 2 朋辈辅导组和对照组在大学生积极心理品质上的前测得分

因子与总分	朋辈辅导组	对照组	t	p	d
智能与知识	66.20 ± 5.93	66.29 ± 6.40	-0.07	0.943	-0.01
正直与勇气	64.98 ± 6.27	65.27 ± 2.88	-0.02	0.823	-0.06
人性与爱	24.93 ± 2.88	25.27 ± 2.40	-0.58	0.561	-0.13
正义与合作	32.00 ± 3.21	31.41 ± 3.30	0.82	0.417	0.18
自我管理与谦逊	24.88 ± 3.57	25.29 ± 3.08	-0.56	0.575	-0.12
灵性与超越	67.22 ± 6.86	67.27 ± 6.54	-0.03	0.974	-0.01
积极心理品质总分	280.20 ± 23.73	280.80 ± 22.715	-0.12	0.906	-0.03

（二）朋辈辅导组和对照组的大学生积极心理品质辅导结果

对两组被试在各因子和积极心理品质总分上的数据进行重复测量方差分析，结果显示六大因子和积极心理品质总分在时间上的主效应显著，结果依次为：智能与知识 $F(1, 80) = 30.41$，$p < 0.001$，偏 $\eta^2 = 0.28$；正直与勇气 $F(1, 80) = 34.24$，$p < 0.001$，偏 $\eta^2 = 0.30$；人性与爱 $F(1, 80) = 19.68$，$p < 0.001$，偏 $\eta^2 = 0.20$；正义与合作 $F(1, 80) = 20.30$，$p < 0.001$，偏 $\eta^2 = 0.20$；自我管理与谦逊 $F(1, 80) = 36.91$，$p < 0.001$，偏 $\eta^2 = 0.32$；灵性与超越 $F(1, 80) = 47.36$，$p < 0.001$，偏 $\eta^2 = 0.37$；积极心理品质总分 $F(1, 80) = 49.09$，$p < 0.001$，偏 $\eta^2 = 0.38$。六大因子组别间的主效应不显著，F 值均小于 3.86，p 值均大于 0.05。六大因子和积极心

理品质总分在时间与组别间的交互作用显著，依次为智能与知识 $F(1, 80) = 11.48$，$p = 0.001$，偏 $\eta^2 = 0.13$；正直与勇气 $F(1, 80) = 34.24$，$p < 0.001$，偏 $\eta^2 = 0.30$；人性与爱 $F(1, 80) = 11.21$，$p = 0.001$，偏 $\eta^2 = 0.12$；正义与合作 $F(1, 80) = 9.80$，$p = 0.002$，偏 $\eta^2 = 0.11$；自我管理与谦逊 $F(1, 80) = 8.63$，$p = 0.004$，偏 $\eta^2 = 0.10$；灵性与超越 $F(1, 80) = 16.99$，$p < 0.001$，偏 $\eta^2 = 0.18$；积极心理品质总分 $F(1, 80) = 18.07$，$p < 0.001$，偏 $\eta^2 = 0.18$。

进一步对两组被试进行简单效应分析，结果显示六大因子和积极心理品质总分的前测得分上差异不显著，F 值均小于 1，p 值均大于 0.40。六大因子和积极心理品质总分在后测得分上差异显著（参见表 3 和表 4），智能与知识 $F(1, 80) = 8.90$，$p = 0.004$，偏 $\eta^2 = 0.10$；正直与勇气 $F(1, 80) = 10.38$，$p = 0.002$，偏 $\eta^2 = 0.12$；人性与爱 $F(1, 80) = 7.22$，$p = 0.009$，偏 $\eta^2 = 0.08$；正义与合作 $F(1, 80) = 11.42$，$p = 0.001$，偏 $\eta^2 = 0.13$；自我管理与谦逊 $F(1, 80) = 4.37$，$p = 0.004$，偏 $\eta^2 = 0.05$；灵性与超越 $F(1, 80) = 11.83$，$p = 0.001$，偏 $\eta^2 = 0.13$；积极心理品质总分 $F(1, 80) = 11.47$，$p = 0.001$，偏 $\eta^2 = 0.13$；这些结果表明只有朋辈辅导组的积极心理品质得到了提升，辅导具有显著的效果。

表 3　朋辈辅导组和对照组在大学生积极心理品质上的后测得分

因子与总分	朋辈辅导组	对照组
智能与知识	72.73 ± 7.54	67.85 ± 7.26
正直与勇气	71.07 ± 5.71	66.83 ± 6.21
人性与爱	27.20 ± 2.40	25.59 ± 2.99
正义与合作	34.71 ± 3.67	31.90 ± 3.85
自我管理与谦逊	28.17 ± 4.12	26.44 ± 3.34
灵性与超越	74.61 ± 7.01	69.12 ± 7.43
积极心理品质总分	308.49 ± 27.96	287.73 ± 27.55

表 4　朋辈辅导组和对照组在大学生积极心理品质上的前后测均值差

因子与总分	朋辈辅导组	对照组
智能与知识	6.54 ± 7.55	1.56 ± 5.61
正直与勇气	6.09 ± 6.87	1.56 ± 4.80
人性与爱	2.27 ± 3.28	0.32 ± 1.71

续表

因子与总分	朋辈辅导组	对照组
正义与合作	2.71±3.66	0.49±2.68
自我管理与谦逊	3.29±3.77	1.15±2.77
灵性与超越	7.39±6.73	1.85±5.35
积极品质总分	28.29±26.63	6.93±18.08

三 讨论

朋辈辅导组和对照组贫困大学生积极心理品质在前测时不存在显著差异，接受朋辈团体辅导后其积极心理品质水平有显著提升。朋辈辅导对贫困大学生积极心理品质的提升得益于多个方面。

（一）运用多理论建构贫困大学生积极心理辅导方案

本研究按照以人为本、前后一致性、目标明确性和可操作性等原则，以“团体”和“实践”为线索，突出“环境熏陶”、“观察学习”、“归因训练”和“积极心理品质塑造”的目标，以“认知澄清—行为训练—反思强化”步骤整体设计了贫困大学生积极心理品质朋辈团体心理辅导方案。这个朋辈团体心理辅导方案具有广泛的理论基础，包含积极心理学理论、人本主义心理学理论、团体动力学理论、自我效能感理论、萨提亚理论、归因理论和合作学习理论，其突出特征包含以下几个方面。

第一，关注个体的积极心理品质。积极心理学认为应该关注个体优良的心理品质和美好心灵（任俊，2006），培养积极心态和积极品质，因为智慧、勇气、合作和感恩等积极心理品质对个人的成长和发展起到关键作用（郑雪，2014）。因此在方案设计中，各单元都有重点地培养积极心理品质，而不去关注贫困生的消极品质。如在第一单元中，“里外圈循环介绍”和“大风吹”两个活动重点培养自信心，“我们的家”侧重团队精神的培养，“爱的契约”重点培养诚信；第五单元中侧重情绪控制能力、情绪调节能力和乐观三种积极品质的培养；在第七单元中，“互帮互助”、“信任背摔”和“人体多米诺”重点培养人际交往能力、信任和顽强毅力三种积极心理品质。在正式辅导过程中，辅导者自始至终强调团体成员的智能与知识、正直与勇气、人性与爱、正义与合作、自我管理与谦逊、灵性与超越六个维度的积极心理品质培养，逐步激活或形成积极的思维模式和行为习惯。

第二，满足贫困大学生多种心理需要。人本主义心理学理论强调人的自我成长、需要、天赋潜能、自我实现等，认为团体中的成员甚至整个团体不需要领导者过多的指导与帮助，只要表示出真诚、共情、无条件积极关注，创造出积极的成长环境，团体成员都能够发挥自己的潜能（车文博，2003）；萨提亚理论强调关注个体的价值、尊严与潜能（约翰・贝曼，2007），认为个体都有努力追求成长和发展的需要，每个人都具有改变自己的能力（杨明娟，2008）。因此，在辅导方案的设计中，特别重视满足团体成员的多种需要，关注和尊重每一个人的价值与尊严，激发每一个成员的潜能，促进个体的成长与发展。如贫困大学生有强烈的释放和缓解压力需求，我们在第六单元设计了“压力透视”和“压力应对”两个活动，让贫困大学生在参与中尽情释放和缓解压力。每个人都有爱与归属需要，我们建立了“朋辈之家”QQ 群和微信群，在方案中设计了“同舟共济”、“我爱我家”和“无敌风火轮”等活动，活动中倡导“家”的概念，既能满足朋辈心理辅导员和全体成员的爱与归属需要，又能够培养他们善良、真诚的积极品质。

第三，挖掘团体内在潜力促进贫困大学生积极心理品质的形成与发展。团体动力学理论认为，个体的心理与行为会随着个体置身的环境不同而发生变化，团体的潜在动力会对团体中的个体具有诱导和激励作用（郑全全，1999）。朋辈团体心理辅导组成员第一次相聚时是彼此陌生、不融洽、缺乏内聚力的涣散团体，如何把该团体转变成一个彼此熟悉、和谐融洽、富有内聚力的积极向上的团体，以激发团体成员的潜力是开展朋辈团体心理辅导的首要任务。在团体辅导的第一单元就注重团体氛围的营造，充分激发团体成员参与活动的热情，增强团体成员的归属感，为此设计了“里外圈循环介绍”、“大风吹”、“我们的家”和“爱的契约”四个活动，充分发挥团体动力对个体的积极促进作用。在朋辈团体心理辅导活动实施的全过程中，领导者尤其重视团体对成员的感染和激励作用。

第四，激发成就动机，提高自我效能感。归因理论认为，成就动机高的人倾向于将成功归因于稳定性因素，失败则倾向归因于不稳定性因素，因此他们对未来充满希望，也促使自己继续努力，并距离成功越来越近；

成就动机低的人倾向于将失败归因于某些客观的稳定性因素，并且这些因素不因个人的努力而改变，因此他们面对困难时信心不足，不能有效解决问题（乐国安，2008）。在“富裕与贫穷”和“与压力共舞”两个单元中设计了“头脑风暴”、“心灵茶座”、“感恩贫穷”和“成长的烦恼”等活动，帮助团体成员正确认识贫穷，并引导他们进行正确归因。自我效能感理论认为自我效能感的高低直接影响个体是否能够成功完成某项工作或动作的自信心（乐国安，2008）。因此，在研究方案的设计中，每个单元的活动内容确保人人参与，并且只要稍加努力就可以完成；活动形式包括游戏、讨论、分享和角色扮演等四种形式，确保团体成员都能够成功参与其中，并能够获得成功经验，提高成就动机水平和自我效能感。

第五，坚持“学”与“做”融合，“感悟”与“体悟”并举。合作学习理论强调团体的整体性、平等性与互动性，团体就是一个命运共同体，突出学习者的主体性，强调个体非智力因素的培养和潜能的挖掘（莫雷，2002）。因此，每个阶段和每个单元的活动主题、活动内容与活动形式的选取与设计都来源于大学生的实际生活，又能贴近社会现实，让大学生在“学”中“做”，在“做”中“学”，在观察中感悟，在参与中体悟。

（二）突出朋辈心理辅导员的功能

本方案的一大特色是引入了朋辈心理辅导员。朋辈心理辅导员都是来自贫困大学生身边的同龄大学生，有着相似的经历和经验，极易产生情感共鸣，乐于互帮互助，容易建立相互信赖的、亲密的人际关系，容易被团体成员接纳（袁有华，2008）。这些优势成为朋辈团体心理辅导不可或缺的资源，而且对朋辈心理辅导员进行严格选拔、考核和筛选，都有助于消除实验者效应。

第一，有助于有效地实现平等交流，提升辅导的可接受性和可接纳性。朋辈心理辅导员与团体成员的年龄、生活环境、生活经历和成长条件都非常接近，这些相似性有利于缩小他们与团体戎员之间的心理距离；也为其与团体成员之间实现有效的平等交流奠定了良好的基础，为提升辅导的可接受性与可接纳性创造了积极条件。

第二，有助于情感共鸣和心灵同化。朋辈心理辅导员是经过严格选拔、考核和筛选出来的同龄大学生，他们拥有健康的情绪情感品质，这些品质有助于他们激发团体成员的积极情感；他们拥有较高的自我效能感水平、成就动机水平和许多优秀的积极心理品质，极易感染和同化团体成员，提升其积极心理品质。

第三，有助于建立良好、可靠的人际关系。朋辈心理辅导员的人格发展健全，具有优质的人格特质，他们能够有效地应对各种压力和解决问题，有良好的人际交往能力并建立了良好的人际关系，有着稳定、良好的社会支持系统，这些优势成为他们与团体成员之间建立良好、可靠、亲密的人际关系的重要基础，成为促使团体成员之间建立良好人际关系的重要动力。

（三）实行动态监控与督导管理模式

实行动态监控与督导管理模式是朋辈团体辅导取得成效的有力保证。在每一单元正式辅导之前，朋辈心理辅导员在研究者的指导下定期召开集体筹备会，集体研讨各个步骤的细节，分工合作；正式辅导时，观察员全方位记录辅导过程，并进行评价；辅导结束后，研究者及时召集朋辈心理辅导员召开辅导督导会，并邀请专家督导，全面总结辅导中的亮点与不足，共同探讨解决问题的有效措施。正是在辅导全过程中实行了动态监控与督导管理模式，朋辈心理辅导员能够在团体辅导活动中敏锐洞察到团体成员的细微变化，把握机会积极引导，有效地促进了贫困大学生积极心理品质的形成与发展。

四　结论

使用自主设计的朋辈团体心理辅导方案发展贫困大学生的积极心理品质，经过辅导后的贫困大学生在智能与知识、正直与勇气、人性与爱、正义与合作、自我管理与谦逊、灵性与超越，以及积极心理品质总分上都有了显著提升，表明该辅导方案对贫困大学生积极心理品质有显著的提升效果。

参考文献：

车文博．（2003）．*人本主义心理学*．浙江：浙江教育出版社．

陈娟，张兴瑜，赵秀娟，黄泓嘉，李小晶．（2014）．朋辈团体心理辅导对大学生社交焦虑的干预效果评价，*中国学校卫生，35*（12），1819－1825.

陈磊，何云凤，夏星星．（2011）．高校贫困生积极心理品质发展现状及教育对策研究．*中国特殊教育，*（10），87－91.

陈嵘，秦竹，杨玉芹，马定松．（2008）．云南少数民族贫困大学生心理健康状况与人格特征的调查分析．*中国健康心理学杂志，16*（9），986－987.

陈志方．（2013）．*大学生积极心理品质结构研究*．硕士学位论文．漳州：闽南师范大学．

樊富珉，何瑾．（2007）．*团体心理辅导*．上海：华东师范大学出版社．

韩国玲，杜欣柏，刘桂兰，阿怀红，孙福英，张玉美，卓玛．（2008）．青海省贫困大学生心理状况及人格特征调查．*中国公共卫生，24*（8），927－928.

何瑾，樊富珉．（2007）．西部贫困大学生心理健康状况与教育对策研究．*清华大学教育研究，27*（2），79－84.

黄雪梅．（2011）．朋辈团体心理辅导对大学生心理健康的效果评价．*中国学校卫生，32*（11），1368－1369.

孔宪福．（2010）．贫困大学生的心理困惑与心理援助策略．*中国特殊教育，*（9），74－77.

乐国安．（2008）．*社会心理学*．天津：南开大学出版社．

李翠云，汪立群，朱丽波．（2016）．团体心理辅导对蒙、汉大学生职业生涯决策的干预研究．*内蒙古财经大学学报，14*（5），92－95.

李虹岳．（2014）．*朋辈团体心理辅导对大学生人际关系的影响研究*．硕士学位论文．长春：东北师范大学．

李焕玲．（2014）．*心理健康教育课程对大学生积极心理品质培养作用研究*．硕士学位论文．桂林：广西师范大学．

李敏，李鸣．（2013）．*团体心理治疗——理论与实践*．北京：中国轻工业出版社．

李权超，谢玉茹．（2010）．*实用团体心理游戏与心理辅导*．北京：军事医学科学出版社．

李自维．（2009）．*大学生积极心理品质评价与心理健康教育相应模式研究*．硕士学位论文．重庆：西南大学．

林士俊，周梅华．（2012）．高职学生积极心理品质状况调查及对策研究．*中国特殊教育，*（2），89－93.

刘富良．（2010）．团体心理辅导对大一新生心理适应的干预效果评价．*中国学校卫生，31*（11），1319－1322.

孟万金，官群．（2009）．中国大学生积极心理品质量表编制报告．*中国特殊教育，110*（8），71－77.

明晶．（2008）．*贫困大学生的心理健康状况及其干预研究*．硕士学位论文．呼和浩特：内蒙古师范大学．

莫雷．（2002）．*教育心理学*．广东：广东高等教育出版社．

任俊．（2006）．*积极心理学*．上海：上海教育出版社．

宋玉冰，张海燕．（2009）．团体心理辅导对贫困大学生抑郁心理的干预研究．*山东省青年管理干部学院学报*，（3），56－58.

隋耀伟．（2007）．*高校贫困大学生心理健康状况的评价及应对策略研究*．硕士学位论文．长春：东北师范大学．

邰永琳．（2005）．*贫困大学生心理健康与危机干预研究*．硕士学位论文．南京：河海大学．

田国秀．（2010）．*团体心理游戏实用解析*．北京：学苑出版社．

田奇．（2011）．*从积极心理学视角看大学生积极心理品质的培养*．硕士学位论文．北京：首都师范大学．

吴素梅，吴沁嶷，罗静，邓耀星．（2011）．朋辈团体心理辅导对大学生社交焦虑的干预．*广西师范大学学报（哲学社会科学版）*，*47*（3），109－114.

向群英．（2008）．贫困大学生抑郁心理的干预研究．*西安交通大学学报（社会科学版）*，*9*（1），27－31.

辛阔林，王云贵，侯霞．（2015）．朋辈团体心理辅导对新兵心理健康水平的影响．*中国健康心理学杂志*，*23*（1），129－131.

薛香．（2010）．贫困大学生积极人格的培养策略探究．*中国特殊教育*，（11），79－96.

杨明娟．（2008）．萨提亚治疗模式简介．*社会心理科学*，*23*，112－115.

杨志平．（2013）．*积极心理学团体活动课操作指南*．北京：机械工业出版社．

尹晨祖．（2015）．*朋辈团体心理辅导对大学生人际关系的影响研究*．硕士学位论文．长沙：湖南师范大学．

袁有华，马昌保．（2008）．朋辈心理辅导员在心理危机干预中的作用．*四川教育学院学报*，*24*（7），4－6.

约翰·贝曼，简·格伯，玛利亚·葛莫莉．（2007）．*萨提亚家庭治疗模式*．北京：世界图书出版公司．

张悦．（2013）．*积极心理小组咨询的方案设计及干预效果评估*．硕士学位论文．北京：首都师范大学．

郑全全，俞国良．（1999）．*人际关系心理学*．北京：人民教育出版社．

郑雪．（2014）．*积极心理学*．北京：北京师范大学出版社．

朱丽芳，谢倩．（2007）．贫困大学生心理健康状况调查分析．*中国健康心理学杂*

志，*15*（10），875－877.

Seligman M. E，Csikszentmihalyi M. （2010）. Positive psychology：An introduction. *American Psychologist*，*55*（1），5－14.

Gable，S. L.，& Haidt，J. （2005）. What（and why）is positive psychology？. *Review of General Psychology*，*9*（2），103－110.

Keyes，C. L.，& Lopez，S. J. （2002）. Toward a science of mental health. *Handbook of Positive Psychology*，NY：Oxford University Press.

Study on the Effectiveness of Peer Group Counseling on the Positive Psychological Quality of Impoverished College Students

Yin Chenzu

（School of Teacher Education，Hechi University，
Yizhou，Guangxi，546300，China）

Zhao Yufang

（School of Psychology，Southwest University，
Beibei，Chongqing，400715，China）

Liang Fangmei

（School of Teacher Education，Hechi University，
Yizhou，Guangxi，546300，China）

Abstract：In this study，the peer counseling group was intervened 10 times with the self-designed impoverished college students' positive psychological quality of peer group psychological counseling program. The results show that the total scores of the positive quality of the peer counseling group and its six sub-dimensions，including intelligence and knowledge，integrity and courage，human nature and love，justice and cooperation，self-management and humility，spirituality and transcendence and their mean differences between the pre-test and post-test are significantly higher than those of the homogeneous control group. The peers' psychological counseling has a great effect on improving the positive psychological quality of the impoverished college students, which has its extensibility.

Keywords: Peer Group Psychological Counseling; Impoverished College Students; Positive Psychological Quality

社区心理学理论

社区心理学的生态取向及其对心理学的意义

黎迪韧　杨莉萍[*]
（南京师范大学心理学院）

摘　要　社区心理学致力于解决与人和环境的适配性相关的那些心理问题。主流的科学心理学所坚持的实证主义由于相对缺乏社会实践效度，受到很多批评，在一定程度上已经成为心理学发展的障碍。社区心理学的诞生在某种意义上就是为了解决主流心理学存在的社会实践效度危机问题，生态取向因此构成社区心理学学科气质的一部分，真正意义上的社区心理学研究都具有生态取向。社区心理学的生态取向有很多具体表现，包括引进生态学的视角和原理，在人与周围环境构成的生态系统中谋求多样化的问题解决方案，以及以生态学原则指导社区心理学实践。社区心理学的生态取向一方面有利于心理学研究的视野由个体内部心理扩大到更大的单元，将人与环境联合起来进行综合分析，提高研究的生态效度；另一方面也能够促使心理学走出实验室，走向社区生活和社会实践，直接面对和解决现实存在的心理问题，提高社会实践效度。

关键词　社区心理学　生态取向　传统心理学　效度危机

一　前言

从冯特创建世界上第一个心理学实验室开始，崇尚实验室研究的科学心理学一直是心理学的主流，强调以自然科学的方法和科学取向去研究心理学问题，并伴有强烈的个人主义色彩。这种科学取向的心理学一直蒙受

* 通讯作者：杨莉萍，南京师范大学心理学院教授，E-mail：lpy2908@163.com。

着某些质疑，比如说过于强调对实验变量的控制，从而忽略了人与环境的复杂性；样本的代表性问题；对科学价值的强调超过对人的价值的重视；以及由实证范式的局限性所导致的研究范围狭窄等。这些质疑促使人们对心理学未来发展的道路不断进行反思。

20 世纪，致力于解决社会问题、服务于社会实践的实用主义在美国社会长期盛行。在这种文化背景下，人们开始关注如何将心理学原理应用于现实条件，解决现实环境中的社会心理问题。1944 年，库特·勒温（Kurt Lewin）提出开展生态心理学研究，为心理学研究提供了一个新的视角。之后，有关生态心理学的思想、理论和实践不断得到拓展和深化，提高研究的生态效度逐渐成为心理学家的共识之一。生态学原理受到广泛认可，并渗透到心理学的各分支学科领域，不仅促成了“生态心理学”这一新的学科分支的产生，而且发展出不同学科领域的生态取向，例如生态取向的认知心理学分支等。

生态心理学作为心理学的一门分支学科通常分为两类，一类是基于生态学原理的生态心理学，致力于将生态学的理论和方法引入到心理学研究中来；另一类则是专门针对生态危机问题进行研究的心理学分支，这类研究关注与生态危机相关的人类价值观与行为的改变（秦晓利，2006）。在方双虎（2011）看来，生态心理学即运用生态学的视角与方法，通过揭示人和环境的交互关系来研究、解释和预测现实生活中的行为和心理现象的一种心理学新取向。而霍华德（1997）则提出，对于生态危机的干预应实现自我转变—系统变化—政策变更的系列变化，以阻止生态危机的进一步恶化（马明明，2015）。而本文中“生态取向”是指生态学原理和观念在社区心理学研究和实践中的贯彻和体现。

20 世纪 60 年代的美国社区心理卫生运动促使更多人开始关注心理学家如何在社区卫生领域开展工作，并于 1965 年在马萨诸塞州的斯旺姆斯科特市召开了一次重要会议，由此标志着社区心理学作为一门学科的诞生。

本文拟从社区心理学产生伊始的生态学偏好、社区心理学生态取向的特点以及社区心理学的生态取向对心理学学科发展的意义三个层面进行探讨，以期加深对社区心理学这样一门新的心理学分支学科的理解，并进一步促进社区心理学的生态化实践。

二　社区心理学作为一门学科的产生及其生态偏好

（一）社区心理学致力于解决与人和环境的适配性相关的那些心理问题

20世纪中期，随着社会的发展，各类社会运动在美国开始兴起并活跃起来，比如黑人运动、妇女运动、民权运动等，这些运动引发了公众对大量社会问题的关注；60年代中期，美国约翰逊总统所发起的反贫困之战以及出台的一系列新政策也激发了公众对社会问题的重视；随着军事治疗的突破、精神类药物萝芙藤（rauwolfia）和氯丙嗪（Thorazine）等的广泛使用，心理卫生问题成为公众关注的一大热点（杨莉萍，2017）。然而，当时美国的心理卫生机构存在治愈率低下、机构臃肿和环境恶劣等诸多问题，公众对此抱怨连连，而坚持个人主义和实验室取向的传统心理学由于缺乏生态效度而难以切实地提出相应的问题解决方案。为了满足公众的需求，美国联邦政府制定了一系列的政策，促使心理卫生专业人员从实验室走出来，进入到人们生活的社区，以应用为导向，解决人的心理问题，并最终引发了社区心理卫生运动。

在这场运动中，人们从以往关注个体内在的心理健康问题转而开始思考如何定义疾病和病人所处的社会条件和环境，提出心理卫生专业人员应该走进人们生活与工作的社区去预防和解决心理健康问题，而不应等到心理问题发展到严重之后，让病人长期留院治疗。心理学家借助于社区服务，通过从个体到团体再到组织的多水平分析，希望在社区这个生态系统中处理好大量与人和环境的适配性相关的心理问题，社区心理学由此诞生。

值得注意的是，尽管社区心理学致力于解决心理问题，但由于对许多社会问题的干预和解决方案的目的也在于缓解个体内心的痛苦，提升他们的自尊，而这些都有助于预防个体心理问题的发生或者对此起到缓解作用。因此，有些心理卫生的专业人士认为，几乎所有合法的社会行动都可以纳入广义的社区心理卫生范畴。例如，向弱者赋权，使他们在政治、社会和经济上获得平等的地位之类的民主政治行为（如Cloward & Piven，1971）。

（二）传统的主流心理学缺乏社会实践效度

现代心理学认为心理学之所以成为科学，是因为坚持了科学的研究方法，以自然科学的方法论和科学取向去研究心理学问题，然而这种取向存在某些局限性，并给心理学的学科发展带来了一系列问题。

首先，坚持科学取向的心理学家坚持用实证方法研究心理问题，强调研究对象的可观测性，这虽然在很大程度上增强了心理学这一学科的科学性，但这种对科学实证的强调也导致心理学的很多研究领域（如意识、情绪、动机等）往往被忽略或者说被舍弃（李炳全，2002），而至于实践性问题，心理学的逻辑往往是，理论高于实践，用理论指导实践，但很少有心理学家真正进入现场开展学科研究和实践。其次，用自然科学研究客观之物的范式去研究具有主观能动性的人，将人加以物化、简单化，在研究方法上存在还原论倾向。再次，自然科学的研究对象一般具有同质性，可以用少数样本去推断总体，而心理学现象显然要比自然现象复杂得多，每个人的心理都不一样，即便是同一个人，在不同时间、不同地点条件下心理反应的变化也很大，加上周边环境的不断变化，令这种复杂性更加突出，而这种研究对象的异质性很容易导致用样本推断总体的可信度不高。最后，心理学研究倚重实验，而实验对自变量的严格控制导致了研究结论的生态效度不高，研究结果与现实情境严重脱节。正因如此，心理学作为一门学科饱受质疑，甚至遭遇学科发展的危机（张春兴，2002；杨莉萍，2017）。

以上这些问题都使得传统心理学无法满足公众迫切希望解决现实问题的心理需要，促使心理学研究者对传统研究取向进行反思。巴克（Roger Barker，1968）明确提出要发展生态心理学，为心理学理论研究的实践开辟了一条新的路线。

（三）社区心理学与生俱来的生态偏好

生态学起源于 19 世纪末的生物科学领域，主要关注生物个体、种群、群落和生态系统，研究有机体与环境之间的相互作用及其规律，并提出了一系列环境理论。例如，综合环境原理、限制因子原理等。1944 年，库特·勒温发表论文，强调环境对行为的影响，并最早提出要开展生态心理学研究，自此，心理学开始关注生态学的理论与方法。20 世纪 50 年代以后，生态心理学研究正式兴起并不断发展起来，包括凯利提出的四个生态学原理、巴克关于行为情景的生态心理学研究，以及吉布森的生态知觉研究等（张利燕，1990）。特别是，巴克（1968）及其同事正式创建了生态心理学（ecological psychology），作为一门新的心理学分支开展对人类行为环境的研究，其所坚持的生态取向有利于社会问题的解决以及学科研究的现场化，并将多水平分析方法囊括其中。这些因素为社区心理学作为一门独立学科（非临床分支）的建立起到了重要作用。

社区心理学是在心理卫生运动和对传统心理学进行深入反思的基础上建立的，强调在现实环境下解决社会心理问题，用系统论的思想进行多水平分析，重视人与人、人与环境、环境与环境之间的相互作用，认为心理问题主要是由人与环境的不匹配或人对于环境的不适应造成的，应该针对具体情境提出多样化的问题定义和解决方案，以减少心理问题的发生率（Rappaport，1981）等，这些都蕴含着生态学的思想。这些史实说明，社区心理学诞生伊始便具有鲜明的生态学偏好。社区心理学中的生态取向与其他学科中的生态取向（如教育心理学或认知心理学中的生态取向）有很大不同。其他学科中除了生态取向还有很多其他的取向，如女性主义取向等，在不同取向之间存在并列关系。而对于社区心理学而言，生态取向构成其学科气质的一部分，真正意义上的社区心理学研究都具有生态取向。

三　社区心理学生态取向的特点

（一）引入生态学概念和原理

凯利（Kelly，1966）将生态学的几个基本概念引入到社区心理学，并对其进行了解释，例如特定人口、共同体（社区）、生态系统和生物圈等。其中，“特定人口”是指一群类似的个体，他们有着相似的“利益（或兴趣）”。“特定人口”可以通过共同的社会利益、兴趣（年龄、性别、民族、人种、社会阶级）或者社会角色进行划分。而“利益”则指代其对所需资源的关切，无论是为了生存，还是为了实现自我的潜能。“共同体（社区）”是指共享某一特定区域的全体居民。出于不同的分析目的，特定人口所共享的区域有所不同。“共同体（社区）”因此可能是一个乡镇、一个县、一个居民小区、一所学校或一个社会组织，甚至是一个国家。“生态系统”由共同体与无生命的环境（inanimate environment）构成，包括客观存在的物理条件，以及无形的社会规则、法律等。“生物圈”包含更广阔的人类居住环境，甚至可以说整个地球。这些概念有利于我们更好地理解不同共同体、不同水平、不同个体之间的相互联系与作用。

凯利（1966）还提出了四个生态学原理，包括相互依存、资源循环、适应和演替。

第一个原理是，一个社会单元内部的各种成分相互依存（interdependent）。在某个生态系统中，一种成分的改变会导致系统中的其他成分随之发生改变，随着时间的推移，这种交互作用还会变化，并形成连锁反应。这种变化极其复杂，并且在某个时间段可能对某个单元有利，对某个单元有害，在另一个时间段这种作用又会变化。这启发我们要以系统论的思想进行多水平多角度分析。

第二个原理是资源循环。凯利认为能量会在循环过程中不断发生转化，资源不是无限的，某一单元减少的资源可能流入到其他单元中。而个体、团体、组织或小生境都必须承载一定水平的资源和能量才能维持其形态和功能，不同生态单位通过资源和能量的流转相互联系相互影响。一旦资源、能量匮乏或者溢出，即不能维持流转或者超过其最大载荷能力，生态单元就可能遭到破坏。而干预实际上是要改变资源流转的方式。因此，资源循环这一原理不仅涉及资源如何产生、如何被定义，还涉及资源如何分配。此外，凯利还指出，在对资源分配进行干预之前（例如提供一种新的服务，后者需要经费支持），我们首先需要知道这个社区的资源是如何自行循环或流转的，否则非但无法解决现存的问题，反而可能制造出新的问题，例如将举报虐童行为纳入法律这一决策导致儿童保护系统超负荷运转以至于陷入瘫痪。

第三个原理是“适应（Adaptation）”。适应原理描述了有机体如何通过改变自己的习惯或内在特质去应对不断变化着的环境的过程。而最容易诱发人的适应性反应的刺激是资源的突然减少或者接触到环境中的有害因素。如果某个人产生了不良反应，我们要首先反思他/她所处的环境是否发生了变化。“适应”这一概念有利于引导我们去理解别人的生活状态，理解人的行为如何反映了他/她长期的生活条件。

适应的概念与"生态位（又译小生境，niche）"或"生态位宽度（niche breadth）"等概念相关。生态位是指特定物种生存于其间的栖息地。同一种群的生物被发现生存于其中的栖息地范围越广，该物种的生态位宽度便越大。与之同理，"特定人口"有着不同程度不同领域的生态位，我们在对其进行干预时要考虑到是否能够满足其对生态位的需求以及其是否能够适应新的社区，这是具有个体差异性的。

第四个原理是"演替（succession）"。环境不是固定不变的，总在不断改变。环境变化可能创造出一些条件，这些条件对某个群体有利，却对另一个群体不利。最终更受环境支持的群体会排挤其他群体，或者控制某个特定的区域，或者在分享同一区域的群体中发展出新的动态平衡。随着时间的变化，这种演替时刻都在发生。这启发我们在社区实践中要考虑到特定环境的历史性因素、干预的时机以及干预可能对未来造成的影响（Murray Levine，Douglas D. Perkins，& David V. Perkins，2005/2017）。

（二）在人与环境构成的生态系统中寻找问题解决方案

社区心理学认为人与环境共同构成了一个生态系统，包括从微观到宏观各种水平，不同水平的单位之间存在着不同程度的相互作用关系。布朗芬布伦纳（Bronfenbrenner，1996）认为社区生态系统包含五种水平：个体发生学或个体水平（如儿童的年龄、性别、性格、气质等）；微观系统或最接近的社会背景，例如家庭（父位缺失家庭、机能失调家庭等）、课堂、同伴群体、工作场所等；微系统之间的联结（例如，家长－教师联席会，或者工作对于家庭生活的影响）；外围系统或社区－环境水平（例如，附近为家庭生活提供支持的医疗、教育和娱乐资源）；宏观系统或包含政治、经济、文化在内的社会水平（例如，对儿童的态度、对暴力行为的态度等）。这些水平根据不同的情境相互交叉、涵括，并相互影响。如果我们要解决社会心理问题，必须进入现实存在的生态系统中，考虑到每个生态单元和每个水平之间的相互作用，讨论人与环境的适应问题及不同生态单元之间的适应问题，而不是片面强调个体或者社会环境单方面的影响。也只有这样，才能找出发生心理问题的主要原因，并在恰当时机进行有针对性的干预，或者在多个水平上进行综合干预。而这一点是强调对实验变量进行严格控制、追求纯粹因果关系的传统实证主义心理学难以做到的。

此外，McMahon，Keys，Berardi 和 Crouch（2011）运用生态学框架研究了学校（允许残疾学生入学）和个人是如何影响到美国非洲裔学生和拉美裔学生的学业成就的。该研究的生态学框架包含四个水平，包括组织政策和实践（学校对残疾人的包容性政策与实践）、学校环境（来自学校的压力源和学校提供的资源）、学生与学校的关系（人与环境的契合度，如学生对学校的归属感和满意度）和心理症状（压力、沮丧和抑郁）。使用量表工具对老师和学生（部分为残疾人）进行测试，结果发现提供更包容的学校环境能够增加学生的归属感，并提高他们的学业成绩。该研究采用生态学框架，从个体到组织等多个水平对学业成就进行纵向分析（3 年共 7 个测量时间点），以拟合各种可能的生态学模型，并根据已有研究结果进行实时干预。例如，实施全校范围的融入计划，对员工进行包容性培训，对融入计划做周期性回顾等。研究结果证明了在多水平的生态系统中进行干预的有效性，为未来的社区心理学研究提供了一种方法借鉴。

（三）以生态学原则指导社区心理实践

社区心理学一直坚持以实践为导向，致力于在实践中将理论、研究和原则等转化为有意义的行动（Wolff & Swift，2008），而生态观则贯穿于社区心理学的全部实践。

1969 年，为了更好地指导社区心理学工作，莱文（Levine）基于生态学视角提出了社区心理学实践的五项原则。

第一，问题产生于某种背景或情境，正是情境中的某些因素引起、触发、加剧并维持问题的长期存在，并不断恶化。这要求社区心理学家走进社区，了解真实情景中的问题发生原因。

第二，明确问题之所以发生，是由于个体在社会情境中解决问题（例如适应）的能力受阻。这启发我们在发现问题时要考察系统问题，觉察是哪些问题阻碍了我们去解决，以及个体是否有资源去解除这种障碍。

第三，若想使帮助有效，需要对问题采取战略性定位。“战略性”既包含时间策略，也包含空间策略，这启发我们考虑应该在哪个阶段提供何种帮助会更加有效。

第四，帮助者或服务机构的目标与价值，必须与作为背景的组织目标与价值相一致。如果变革的目标与背景的潜在和显在目标相一致，变革过程将不会遇到阻力。如果变革者（the change agent）的基本价值与背景组织的价值相冲突，那么可以预期，变革者极可能失败。

第五，帮助应该建立在系统的基础上，利用背景（社区）内部现有资源，或者通过引入外部资源并将其转化为背景（组织）的一部分。这要求社区心理学家必须努力去理解各种资源的性质以及资源在社区内是如何循环流转的，以便有效引导资源。

这五条原则体现了作为生态系统的社区以及构成该社区的环境等变量都是相互影响的，而一旦某种改变超过了个体或组织的调节能力，就会发生问题，我们应该利用现有资源影响系统，在适当时机进行干预。

除了莱文（1969）提出的五项实践原则，布朗芬布伦纳（1979，1989）为儿童发展提出的生态模型，以及凯利（1966）的生态学原理，都是早期社区心理学框架中非常重要的一部分。而社区心理学的基础模型——多伦温德模型（陈尹，杨莉萍，2016）同样体现出了生态取向。

Peirson，Boydell，Ferguson 和 Ferris（2011）提出的系统变革模型集合了生态学原则，强调过程导向，通过关注系统变化的过程探求设计、实施和管理变革的实现路径。其他学者也陆续根据生态学原理提出社区心理学在具体领域的各类实践模型，例如 Moskell 和 Allred（2013）关于城市森林管理的生态学模型等。

目前，社区心理学的实践研究主要集中在社区赋权与预防（Allen & Mohatt，2014；Christens et al.，2011）、学校教育（Trickett & Rowe，2012）和公共健康等方面。

其中，M. Lindblad-Goldberg 和 W. F. Northey（2013）提出了生态化的结构式家庭治疗（ecosystemic structural family therapy），在临床实践中探究家庭成员的生物因素、发育情况、家族史、家庭现状、文化和生态环境之间的相互关系，以采取恰当的时机和方法对那些具有严重情感和行为问题儿童的家庭进行干预。干预之前，要综合考虑家庭的结构、家庭成员的亲近程度、家庭和个体的情绪调节能力、个体差异和家庭发展模式对问题儿童可能产生的影响，进行多维度多水平分析。社区干预分为四个阶段，第一个阶段是建立治疗系统，即邀请家庭成员参与治疗过程，并建立合作联盟；第二个阶段是建立一个有意义的治疗重点，治疗师需要对儿童的症状和主要社会环境（如家庭、学校、同辈团体）进行详细描述，以评估和确定干预的重点；第三个阶段是创造关键性的有利于家庭关系成长的互动体验；第四个阶段是将好的改变固化下来，使患者可以脱离治疗师的帮助。在这一干预过程中，社区心理学家对从个体到环境的不同生态水平之间的相互作用进行了综合分析，评估来自家庭的压力因素和已有资源，寻找和发现问题出现的根源，将干预目的与家庭需求结合起来，在合适的时间点和情景进行干预，充分体现了社区心理学家用生态学观念指导社会实践的特点。

除上述实践案例以外，社区心理学的实践活动都是立足于生态学思想的，并取得了良好的效果。Christens，Inzeo 和 Faust（2014）通过威斯康星州的一个社区组织活动，探讨了个体之间的关系网络，建立了一个多层次的赋权框架。Mc Guckin 和 Minton（2014）将布朗芬布伦纳的生态模型和教育心理学模型（Spiel et al.，2008）应用到反欺凌计划的设计和评估中去，主张通过其中的生态系统思维设计和评估程序，以及提供相应的资源和培训。Christens，Speer 和 Peterson（2011）使用分层回归分析的方法来研究社会阶层对心理赋权（PE）和社区参与（CP）的预测作用，以便更好地对组织社区干预和评估等。

另有部分学者研究了社区心理学在实践过程中遇到的挑战，如伦理问题（Jason，2015）等，提出建立协作团体和伙伴关系，增进相互信任和道德责任感；忽视个体的差异性（马明明，2015）等。

国内对社区心理学的研究才刚刚起步，主要是对相关理论和研究进行了引进和介绍，具体的实践研究基本尚未开展。如“作为生态学转向的具身社会认知”（薛灿灿，叶浩生，2011）、“发展心理学中的生态学回顾”（朱皕，2005）等。社区心理学的研究文献大多从属于理论研究范式，如杨莉萍（2015）的“社区心理学研究的几个基本理论问题”、贾林祥和拾硕（2015）的“社区心理学及其研究转向”等。

四　社区心理学的生态取向对心理学学科发展的意义

强调个人主义和实验范式的实证心理学一直希望沿着科学主义的道路向前发展，希望成为自然科学的一员。然而，这个期望不但没有实现，反而使科学心理学一次又一次地陷入困境，饱受质疑。这主要是因为传统的主流心理学强调对研究对象进行严格观察，过度强调研究方法的科学性及研究结果的客观性和可重复性，由此造成诸多问题。第一，陷入还原论。心理学的研究对象是具有主观能动性的人，人的心理随时随地都在发生变化。以研究简单稳定的客观自然对象的科学范式来研究复杂多变的主观心理现象，明显犯了还原论的错误。第二，心理学研究的范围被严重窄化。同样由于对客观和可观察性的信念，心理学不得不选择性地忽视很多无法直接准确测量的对象，比如说情绪、潜意识等，只选择个体认知、行为、态度或心理生理过程进行研究。第三，脱离社会情境，难以应用于实践。对科学范式的强调也导致了对方法和技术的严格要求，为了提高实验研究的可信度，心理学家不得不对实验变量进行严格控制，尽力排除环境等额外变量的影响，这导致心理学研究成为脱离社会情境的实验室科学，基于这一范式得出的研究结论也无法应用到复杂多变的社会实践中去。第四，这种倾向也进一步导致心理学与普通大众脱节。普通人无法理解心理学的技术方法甚至是某些专业术语，心理学成为关起门来自娱自乐的小众学科。实际上，这与心理学的学科目标相去甚远，导致心理学的学科发展阴影重重。

社区心理学在发轫之初就具有生态偏好，强调在人与环境构成的社区系统中进行研究，重视对不同生态水平的单元进行综合分析，并在考虑资源的性质和流转方式的基础上，根据不同生态单元之间的相互作用和演替趋势在恰当的时机和情境下进行干预。

一方面，这些特点有利于心理学研究的视野由个体内部心理扩大到更大的单元，将人与环境结合起来进行综合分析，提高研究的生态效度。社区心理学从系统论的角度出发，承认人与环境之间相互作用过程的复杂性与多样性，将生态系统视为不可分裂的整体，将心理问题视为人与环境之间的不匹配。因此，很多心理问题的解决就不是改造个体有问题的心理，而是改造给人带来压力的不良环境，从而协调人与环境的关系，达到新的动态平衡。开辟解决心理问题的新路径意味着心理学研究视野的扩展。

另一方面，这些特点要求心理学走出实验室，走进社区和社会实践，在现实情境中解决人的心理问题，从而提高社会实践效度。目前，很多心理学研究都只是学术领域的阳春白雪，不被大众所认可甚至是了解。而在普通大众中广为流传的通俗心理学也往往只是个人的经验之谈，得不到科学依据的支撑，容易误导社会大众，造成了一些不良后果。心理学走进社区，直接面对现实问题，解决现实问题，意味着心理学扎根于社会实践，直接满足社会现实需求。

社区心理学的诞生和发展既是心理学自我反思的结果，也预示了心理学学科发展新的方向。

五　总结和展望

社区心理学的生态取向不仅有利于实现自己的学科目标，而且对于整个心理学的发展都有重要意义。一方面，坚持生态取向的社区心理学能够更有效地调动社会资源，并对资源进行合理分配，根据具体情况提出多样化的解决方案，并在恰当的时间进行调整和干预，在社区框架内解决人的心理问题；另一方面，社区心理学的生态取向坚持以实践应用为导向的现场研究，强调外在环境的影响，在一定程度上有助于克服心理学的个体主义传统以及倚重实验室研究所带来的局限性和效度危机等问题。

尽管社区心理学的生态取向有助于心理学家解放思想，寻找新的问题解决途径，但其具体实践和规范仍需更缜密的研究进行设计和验证，尤其是在解决具体问题的过程中，最好能够建立规范操作的程序，或提供社区心理服务手册。

参考文献

陈尹，杨莉萍．(2016)．多伦温德模型及其对中国社区心理工作的指导意义．*苏州大学学报（教育科学版），4*（4），9-16.

方双虎．(2011)．威廉·詹姆斯与生态心理学．*心理研究，4*（3），16-20.

贾林祥，拾硕．(2015)．社区心理学及其研究转向．*江苏师范大学学报（哲学社会科学版），41*（4），147-152.

李炳全．(2002)．论科学主义心理学的困境与出路．*南京师大学报（社会科学版），*（3），93-99.

马明明．(2015)．*试论生态心理学的发展态势及前瞻*．硕士学位论文，西安：陕西师范大学．

秦晓利．(2006)．*生态心理学*．上海：上海教育出版社．

薛灿灿，叶浩生．(2011)．具身社会认知：认知心理学的生态学转向．*心理科学，*

34 (5), 1230 - 1235.

杨莉萍. (2015). 社区心理学研究的几个基本理论问题. *江苏师范大学学报 (哲学社会科学版)*, *41* (4), 158 - 160.

Levine, M., Perkins, D. D., & Perkins, D. V. (2017). *社区心理学原理: 观点与应用*. 杨莉萍译. 上海: 上海教育出版社.

张春兴. (2002). 论心理学发展的困境与出路. *心理科学*, *25* (5), 591 - 596.

张利燕. (1990). 心理学研究的生态学倾向. *心理科学进展*, *8* (1), 16 - 19.

朱丽. (2005). 近50年来发展心理学生态化研究的回顾与前瞻. *心理科学*, *28* (4), 922 - 925.

Allen, J., Mohatt, G. V. (2014). Introduction to ecological description of a community intervention: Building prevention through collaborative field based research. *American Journal of Community Psychology*, *54* (1 - 2), 83 - 90.

Barker, R. G. (1968). *Ecological psychology: Concepts and methods for studying the environment of human behavior*. Stanford, CA: Stanford University Press.

Barker, R. G. (1969). Ecological psychology: Concepts and methods for studying the environment of human behavior. *The Quarterly Review of Biology*, *44* (3), *14*.

Bickman, L., Guthrie, P. R., Foster, E. M., Lambert, E. W., Summerfelt, W. T., & Breda, C. S., et al. (1995). *Evaluating managed mental health services: The Fort Bragg experiment*. Plenum Press.

Bronfenbrenner, U. (1979). *The ecology of human development: Experiments by nature and design*. Cambridge, MA: Harvard University Press.

Bronfenbrenner, U. (1989). Ecological systems theory. In R. Vasta (Ed.), *Annals of child development* (Vol. 6, pp. 187 - 249). Boston, MA: JAI Press.

Bronfenbrenner, U. (1996). *The ecology of human development: Experiments by nature and design*. Cambridge, MA: Harvard University Press.

Christens, B. D., Inzeo, P. T., Faust, V. (2014). Channeling power across ecological systems: Social regularities in community organizing. *American Journal of Community Psychology*, *53* (3 - 4), 419 - 431.

Christens, B. D., Speer, P. W., Peterson, N. A. (2011). Social class as moderator of the relationship between (dis) empowering processes and psychological empowerment. *Journal of Community Psychology*, *39* (2), 170 - 182.

Cloward, R., & Piven, F. F. (1971). *Regulating the poor: The function of public welfare in America*. New York: Random House.

Jason, L. A. (2015). Ethical and diversity challenges in ecologically sensitive systems-oriented interventions. *American Psychologist*, *70* (8), 764 – 775.

Kelly, J. G. (1966). Ecological constraints on mental health services. *American Psychologist*, *21*, 535 – 539.

Levine, M. (1969). Some postulates of community psychology practice. In F. Kaplan & S. B. Sarason (Eds.), *The psycho-educational clinic papers and research studies*. Springfield, MA: Department of Mental Health.

Levine, M., & Levine, A. (1992). *Helping children: A social history*. Oxford University Press.

Lindblad-Goldberg, M., & Northey, W. F. (2013). Ecosystemic structural family therapy: Theoretical and clinical foundations. *Contemporary Family Therapy*, *35* (1), 147 – 160.

Mc Guckin, C., Minton, S. J. (2014). From theory to practice: Two ecosystemic approaches and their applications to understanding school bullying. *Australian Journal of Guidance and Counselling*, *24* (1), 36 – 48.

McMahon, S. D., Keys, C. B., Berardi, L., Crouch, R. (2011). The ecology of achievement among students diverse in ethnicity and ability. *Journal of Community Psychology*, *39* (6), 645 – 662.

Moskell, C., Allred, S. B. (2013). Integrating human and natural systems in community psychology: An ecological model of stewardship behavior. *American Journal of Community Psychology*, *51* (1 – 2), 1 – 14.

Peirson, L. J., Boydell, K. M., Ferguson, H. B., Ferris, L. E. (2011). An ecological process model of systems change. *American Journal of Community Psychology*, *47* (3 – 4), 307 – 321.

Rappaport, J. (1981). In praise of paradox: A social policy of empowerment over prevention. *American Journal of Community Psychology*, *9* (1), 1 – 25.

Riess, B. F., & Brandt, L. W. (1965). What happens to applicants for psychotherapy?. *Community Mental Health Journal*, *1* (2), 175 – 180.

Spiel, C., Reimann, R., Wagner, P., & Schober, B. (2008). Guest editorial: Bildungpsychology: The substance and structure of an emerging discipline. *Applied Developmental Science*, *12* (3), 154 – 159.

Tuckman, J., & Lavell, M. (1959). Attrition in psychiatric clinics for children. *Public Health Reports (1896 – 1970)*, *74* (4), 309 – 315.

Wolff, T., Swift, C. (2008). Reflections on "Real-World" community psychology. *Journal of Community Psychology*, *36* (5), 609 – 625.

Ecological Orientation of Community Psychology and Its Significance for Psychology

Li Diren, Yang Liping

(Nanjing Normal University, Nanjing, 210000, China)

Abstract: Community psychology is committed to deal with the problems which relates the applicability between human and environment. Because of the lack of social practice validity, the mainstream of science psychology which believes in positivism has come in for a lot of criticism. It has become the obstacle of psychology development in part. To solve this problem, in a sense, community psychology was born. Therefore, the ecological orientation constitutes a part of ethos of community psychology. And a real sense of community psychology is ecological approach. The ecological orientation of community psychology has many performance, including introducing the perspective and principle of ecology, seeking a variety of problem solving solutions in an ecosystem consisting of people and their surroundings, and guiding the practice of community psychology with the principle of ecology. The ecological orientation of community psychology helps broaden the scope of psychological research from within the individual to a larger unit. Furthermore, it drives psychology out of the laboratory and enters to the community life and society practice, which helps to improve social practice validity and confront and solve the psychological problems of reality directly.

Keywords: Community Psychology; Ecological Orientation; Traditional Psychology; Validity Crisis

社区心理服务

思维方式与社区老年病人对疾病的认知*

侯玉波** 王 婷

（北京大学心理与认知科学学院暨行为与心理健康北京市重点实验室）

摘 要 思维方式是处在不同文化中的个体和群体，在看待和处理问题时的认知特性的反映。本研究以中国人思维方式的结构为基础，探讨中国人的思维特性对老年病人心理与行为的影响。对160名老年病人进行调查发现，老年病人对疾病产生的认知与其思维方式有着密切的关系：思维矛盾性越强的老年病人，对社会支持的利用越多，也越能利用自身的应激机制应对疾病产生；思维变化性越强的老年病人，对社会支持的利用则越少。从疾病康复观念来看，思维联系性越强的老年病人，越强调外在支持因素和主观内在态度对疾病康复的价值；思维变化性高的老年病人则不看重外在支持因素和主观内在态度在康复方面的作用；思维矛盾性强的老年病人强调主观内在态度对康复的积极影响。研究同时也发现性别、年龄和受教育程度等因素和思维方式一起影响了老年病人对疾病产生和疾病康复因素的评价。研究证明了我们关于思维方式影响机制的假设，这些结果对人们理解老年病人身心健康有着重要的理论和现实意义。

关键词 文化 思维方式 中国人整体思维方式量表 健康

一 问题的提出

从20世纪70年代开始，全球性老年化趋势的出现和因此带来的诸多问

* 本研究得到国家自然科学基金项目“儒家式应对与中国人的问题行为：韧性理论的视角”（31371053）的资助。

** 通讯作者：侯玉波，北京大学副教授，E-mail：houyubo@ pku. edu. cn。

题逐渐引起了国内外的广泛重视。中国正在以发展中国家的身份迅速地冲进老龄化的快车道，老龄化问题对于未富先老的中国来说是个巨大的挑战。与其他国家相比，由于历史原因与各种政策问题，中国式老龄化问题具备了独特之处：未富先老、老年人口规模大、老化速度快、老人整体健康程度差（邬沧萍，王琳，苗瑞凤，2004）。老龄化问题正在对中国社会的发展产生越来越深刻的影响（Zeng，et al.，2017），这个问题是未来很长一段时间内必须面对的问题。

思维方式是指人们在看待和思考问题时的一种基本倾向。从东西方文化对比的角度看，思维方式是基于不同本体认识论的一种元认知特性。Nisbett 和 Peng（2001）等人认为，受中国传统文化和马克思主义的影响，中国人的思维方式是整体性的（Holistic），这种整体性主要表现在两个方面：用辩证（dialectics）和整体（entity）的观点看待和处理问题。辩证观念包含着三个原理：变化、矛盾及中和。变化论认为世界永远处于变化之中，没有永恒的对与错；矛盾论认为万事万物都是由对立面组成的矛盾统一体，没有矛盾就没有事物本身；中和论体现在中庸之道上，认为任何事物都存在适度的合理性。与中国人不同，美国人则更相信亚里士多德的形式逻辑思维，它强调的是世界的统一性、非矛盾性和排中性。受这种思维方式影响的人相信一个命题要么对，要么错，无共存性和中间性。

中国人的整体观念则反映在看待问题时对事物与其背景关系的看法上，Ji，Peng 和 Nisbett（2000）指出，东方文化中的人在看待问题时所采取的认知取向是整体性的，强调事物之间的关系和联系；相反，西方文化中的人则用分析式（analytic）的方式处理问题，强调事物自身的特性。这种整体性与分析性的对立与东西方的传统有着密切的关系。Hansen（1983）等提到，中国人往往把世界看成是由交织在一起的事物组成的整体，所以他们总是力图在这种复杂性之中去认识事物，对事物的分析也不仅仅限于事物本身，同时也包括它所处的背景与环境。与中国人不同，西方人则认为世界由无数个可以被看成是个体的事物组成，每一个个体都有本身的特性，可以从整体中单独分离出来。因此，集中注意力于某一个体、分析它所具有的特性并控制其行为是可能的。Tversky 和 Kahneman（1976）指出，在对他人进行认知的过程中，我们会倾向于节省时间精力，只挑出我们认为对形成印象必要的信息，而忽略了一些其他的信息。因为相对外在环境而言，人的认知系统始终是有限的，所以在处理外界信息和解决问题时遵循吝啬原则，常用最经济的方式来处理信息（李小平，葛明贵和李菲菲，2010）。在面对问题时，人们会根据自身的思维方式，选择出个体认为重要的信息，来进行问题的分析和处理。

自 20 世纪 90 年代以来，Ji，Peng 和 Nisbett（2000）等系统地研究了中国人和美国人的思维方式特性，用一系列的实验证明了中国人的思维方式的整体性特征，并指出这种强调辩证和整体的思维特性对中国人的认知过程会产生一定的影响。在此基础上，Hou、Zhu 和 Peng（2003）认为，思维特性的差异不仅存在于东西方文化差异中，而且具体到个人身上，也存在个体在看待和分析问题时的不同取向和程度。以此为理论基础，侯玉波、彭凯平和朱滢（2016）等人编制出了中国人思维方式量表，在最初的量表基础上通过增加样本量、扩大样本群体和纵向研究、数据统计、因素分析等，统筹归纳出联系性、矛盾性、变化性三个维度，题目量扩大到 26 条，有着良好的信效度，以此为研究工具，研究中国人的思维方式对社会认知、决策判断、责任归因等过程的影响，发现思维方式确实起着重要的作用。其中，联系性包括强调事物间的联系和相互影响的题目，该维度分值越高，意味着人们在对于周边事物的认知过程中更加注重彼此之间的联系性；变化性包括衡量不变观念的题目，该维度分值越高，说明人们在思考的过程中更加注重事物的变化性和流动性；矛盾性包括衡量矛盾和适应性的题目，该维度分值越高，意味着人们在对于周围事物认知的过程中更加会使用辩证的方式去思考。

对老年人而言，在寿命增加的同时，疾病也带来极大的困扰。老年人心理或者精神健康状况与其幸福感、生活质量的联系更直接（李建新，刘保中，2015）。IOM（Institute of Medicine；IOM Report，2015）的报告显示，与癌症或者心脏病相比，现在的人们更关注心理健康。越来越多的心理学家也关注个体的心理因素例如乐观的态度和信心等对于个体健康的重要性。傅宏和陈庆荣（2015）强调心理健康更具有内隐性，需要家庭、社会和政府采取多种方法积极应对。同时，有学者指出老年人乐观自信的心态能有效缓解情绪压力，改善心理健康（李建新，刘保中，2015）。Jylh（2009）表示个体健康（通过医学诊断、是否患病等）是自我健康认知的基础，还渗透了个体心理状况的影响。而思维方式作为一种重要的元认知特性，它必然会对个体看待生病与康复的观念和行为产生影响，也渗透了个体对自我健康状况的判断与预期（Zeng et al.，2017）。Singh 和 Upadhyay（2014）也指出个体的思维状况反映了老年人复原的能力。Zeng et al.（2017）发现，虽然我国整体老年人死亡率下降，但患认知损害的老年人却每年增加了0.7~2.2个百分点，其中女性日常生活中的功能性能力、认知能力、身体表现等均比男性更差。虽然药物、社会经济条件等可以提高个体的生存率，但老年人寿命的延长会使得身体和认知功能更脆弱，承受更多的疾病问题，因此，老年人的生活方式、健康观念等对身体康复的作用相对会显得更为重要。本研究主要探讨思维方式对老年病人疾病产生和康复观念的影响，当然，思维方式的影响不会是孤立的，它将和个体本身的其他特性以及情境因素结合在一起，对个体的健康观念和行为产生影响。所以我们假设在思维方式上取向不同的个体在看待疾病产生和康复因素时的重点不同，整体思维得分越高的病人，越强调综合因素的作用，即矛盾性、联系性强的个体，强调外在支持因素和主观内在态度等对疾病康复的价值，而变化性强的个体则反之。

二　方法

（一）被试

随机选取了北京和河北省四所社区医院就诊的160名患者，其中男性和女性各80人，被试的年龄为58~82岁，平均年龄为63岁。文化程度：受过高等教育（大专以上学历）的有90人，没受过高等教育的70人（高中以下学历）。被试所患疾病：包括精神疾病、心血管疾病、胃肠道疾病、皮肤病等30多种。患病时间：由初次到20年不等，平均患病时间4年。其中重病患者占22%，中度患者占43.7%，轻度患者占34.3%。

（二）研究工具

背景资料：包括被试的年龄、性别、婚姻状况、籍贯、文化程度、患病名称、严重程度和患病时间等。

中国人整体思维方式量表：该量表由 Hou、Peng 和 Zhu 在2004年编制完成，由 13 个项目组成，用 7 点量表加以评定。其中“1”代表完全反对，“7”代表完全赞成，“4”代表中立。量表分 3 个维度：联系性——包括 4 个强调联系和相互影响的题目，这些题目衡量一个人对联系观的看法，得分越高表明越倾向于用联系的方式看待事物；变化性——包括 5 个衡量不变观念的题目，为了与字面意义相一致，在记分时题目反向记分，得分越高表明变化性越高；矛盾性——包括 4 个衡量能否用辩证的方法来理解相互矛盾的结果的题目，得分越高表明矛盾性越高。这三个因素能解释的总变异率为 45.6%。该量表间隔 1 个月的重测信度为 0.78，3 个分量表的内部一致性信度也较好。量表也具有较好的构思、聚合及区分效度，以此为工具的社会认知研究证明了量表的外部效度也较好。

疾病产生因素评价问卷：该问卷用 5 点量表加以评价，“1”表示非常反对，“5”表示非常赞成，“3”表示中立。该问卷由 25 个题目组成，前 23 个题目罗列了与病人生病有关的一些因素，如“我生病是因为我没有注意保健”等。第 24 题和第 25 题是让被试对自己生病的原因加以归因，并以百分比例表示。第 24 题从生理和心理两方面加以归因，第 25 题从自身因素和环境因素加以归因，每个题目两方面因素之和为 100%。

疾病康复因素评价问卷：问卷由 25 个与疾病康复有关的题目组成，问卷形式与疾病产生因素评价问卷相同。前 23 个题目罗列了与病人疾病康复有关的一些因素，第 24 题和第 25 题分别让被试从生理与心理以及自身与环境方面对康复原因进行归因判断，每个题目两方面因素之和为 100%。

（三）研究程序

首先对参加研究的 8 名主试进行培训，以保证他们对每个被试同等对待。这 8 名主试来自 4 所医院，每个医院 2 名，均为主任医师。主试在病人就诊结束时征得病人的同意后，把问卷发给病人，向病人说明问卷的填写方式、研究目的，以及将对结果加以保密。病人如果不明白项目的含义，可以向主试提问。主试在病人填写完问卷以后，要对所填写的项目进行核对，主要核对背景资料部分的病名和严重程度两项。完成问卷大约需要 25 分钟。

三 结果

用 SPSS for Windows 17.0 对研究得到的数据进行分析。为了探索思维方式的影响，在量表常模因为样本数量不够而没有确立的情况下，根据研究需要，我们把被试在思维方式 3 个维度上的分数分成高、中、低三组，各自所占的比例约为 25%、50%、25%，并以此分析思维方式的不同维度对健康观念的影响。

（一）思维方式与疾病产生和康复因素的相关分析

我们对疾病产生因素评价问卷的前 23 个项目进行了初步的因素分析，从中抽取了两个因素：自身应激状况（包括对压力的反应、生活态度、生理与心理因素共同作用等）和对社会支持的利用（家人的关心、周围人的提醒、对社会环境的反应等）。这两个因素可以解释 36.4% 的变异。用同样的方法对与疾病康复有关的 23 个项目进行因素分析，也提取出了两个因素：外在支持因素（社会服务、他人关心、治疗情况等）和内在态度（与他人和谐、自信心、与医护人员合作等）。这两个因素可以解释 30.7% 的变异。表 1 列出了疾病产生和康复问卷中各两个因素与思维方式的 3 个维度的相关情况。

表 1 疾病产生和康复因素与思维方式 3 个维度的相关

	联系性	变化性	矛盾性
自身应激状况	0.06	-0.14	0.18
社会支持利用	0.01	-0.18	0.25**
外在支持因素	0.27**	-0.40**	0.12
主观内在态度	0.29**	-0.25**	0.21*

注：* $p<0.05$，** $p<0.01$，双侧检验。

可以看出，病人有关疾病产生的观念与他的思维方式有着明显关系：病人对社会支持的利用度和他的思维矛盾性有着紧密的正相关（$r=0.25$，$p<0.01$），与变化性有着临界的负相关（$r=-0.14$，$p=0.06$），而病人对自身应激状况的评价与矛盾性有着临界的正相关（$r=0.18$，$p=0.07$）。这说明承认生活中充满矛盾的病人，会认为对社会支持的利用在自己疾病产

生中很重要，同时他们也认为自身的应激状况决定自己的健康状况。而思维变化性高的病人在评价疾病产生时既不强调自身应激状况，也不强调对社会支持的利用。也就是说，承认矛盾，即辩证观念强的老年病人会从更加全面的视角看待自己的疾病产生问题，而变化性强的老年病人则不知道自己为什么会这样。

思维方式与疾病康复观念的关系也很密切：思维的联系性与对外在支持因素（$r=0.27$，$p<0.01$）和主观内在态度（$r=0.29$，$p<0.01$）有显著的正相关；而思维的变化性与外在支持因素（$r=-0.40$，$p<0.01$）和主观内在态度（$r=0.25$，$p<0.01$）均呈显著负相关。主观内在态度与思维的矛盾性呈正相关（$r=0.21$，$p<0.05$）。这些结果说明：思维联系性强的病人认为在疾病恢复过程中外在支持因素和内在主观态度都很重要；而思维变化性大的病人则认为外在支持因素和主观内在态度都不重要；矛盾性强的人更加强调主观内在态度在康复中的作用。有意思的是，思维的变化性与疾病产生和康复的所有因素都呈现出一定程度的负相关，说明了思维变化性在疾病产生和康复因素中的影响：变化性越大的人，越说不清自己因何而生病，也说不清因何而康复。

（二）思维方式与疾病产生及康复归因

我们以疾病产生和康复问卷中第24题和第25题提供的归因数据为因变量，以病人思维方式的3个维度为自变量作单因素的方差分析。第24题把疾病产生或康复的原因归于生理因素/心理因素，第25题把疾病产生或康复的原因归于自我/情境因素。结果发现，思维的联系性对病人疾病产生和康复的归因倾向没有影响；而思维的变化性对疾病产生，［$F(1, 159)=3.15$ $p=0.04$］和康复［$F(1, 159)=3.26$，$p=0.04$］的心理归因有影响；思维的矛盾性对疾病产生的自我归因有影响，［$F(1, 159)=2.94$，$p=0.05$］，对情境归因有临界影响，［$F(1, 159)=2.84$，$p=0.06$］。表2列出了思维方式的3个维度对归因倾向的影响。

可以看出，在思维方式的3个维度上，思维的变化性和矛盾性对病人疾病产生或康复的某些归因有影响：思维的矛盾性越强的病人，在对疾病的归因中越追求自我因素和情境因素的平衡。如果我们以50%为归因中自我因素和情境因素的平衡点，可以看出：不能容忍矛盾的人认为自我因素占

60.3%，随着思维矛盾性的增加，对自我因素的强调逐渐向50%看齐，分别为54.3%和50.2%。这一结果同时也说明思维矛盾性对个体健康观念的积极影响。

表2　不同思维特性的病人对疾病产生和康复因素的归因情况

思维特性	归因	对疾病产生原因的归因				对疾病康复原因的归因			
		心理因素（mind1）		自我因素（self1）		生理因素（physi2）		心理因素（mind2）	
		平均数（%）	标准差	平均数（%）	标准差	平均数（%）	标准差	平均数（%）	标准差
联系性	低	47.41	4.50	55.00	3.67	57.00	3.43	43.00	3.43
	中	48.02	2.94	55.68	2.31	49.35	2.64	50.65	2.64
	高	46.58	4.58	54.88	3.63	51.35	3.32	48.65	3.32
变化性	低	54.79	3.51	56.90	2.11	45.50	2.61	54.50	2.61
	中	42.45	2.97	55.75	2.53	56.29	2.74	43.71	2.74
	高	49.08	4.93	51.67	4.07	51.35	3.72	48.65	3.72
矛盾性	低	47.32	4.64	60.29	3.17	51.22	3.54	48.78	3.54
	中	42.56	3.41	54.32	2.54	54.30	2.95	45.70	2.95
	高	51.09	2.96	50.16	2.93	52.03	3.01	47.97	3.01

思维的变化性对健康观念的影响就比较复杂了：从表2可以看出，思维变化性高的病人认为生理因素和心理因素（49.1%）以及自我因素（51.7%）和情境因素在疾病产生中的作用相当，在疾病康复中生理因素（51.4%）和心理因素（48.7%）也基本平衡。而思维变化性低的病人则认为自我因素（56.9%）和心理因素（54.8%）（属于内在因素）对疾病产生的作用更大一些，心理因素对疾病的康复更重要一些（54.5%）。思维变化性处于中等的病人把疾病产生和康复更多地归于生理因素（57.6%）。总结起来就是，随着思维变化性的增加，病人对疾病产生和康复的归因也由强调心理内在因素转向生理因素，并最终强调二者的平衡。

（三）思维方式与性别、受教育程度与患病程度的相互作用

思维方式作为个体内在的处理机制，它往往和其他变量一起对个体的健康观念产生影响。为了探讨这些因素相互作用的机制，我们以与疾病产生和康复有关的因素得分或归因比例为自变量，以思维方式、受教育程度、

性别、疾病严重程度等为因变量作多元方差分析。

变化性与性别的交互作用：以疾病康复中对生理因素的归因为因变量，发现思维变化性的主效应明显，$F(1, 159) = 4.00$，$p = 0.03$，并且与性别之间存在着交互作用，$F(1, 159) = 4.06$，$p = 0.03$。表3列出了思维变化性程度不同的男性和女性对生理因素的归因。对男性而言，变化性越低，对生理因素和心理因素的看法越平衡，随着变化性的增加，这种平衡被打破：要么强调因素生理（59.6%），要么强调心理因素（56.7%）。而对女性来说，随着思维变化性的增加，对生理因素和心理因素的看法变成了：强调心理 → 心理与生理平衡 → 强调生理。

表3　思维变化性、性别与疾病康复中的生理归因

	变化性	平均数	标准误差
男性	低	49.7%	4.37
	中	59.6%	3.57
	高	43.3%	5.35
女性	低	38.1%	5.59
	中	52.6%	3.44
	高	58.2%	4.95

疾病严重程度与思维联系性的交互作用：以疾病产生过程中的内在应激状况得分为因变量，发现思维联系性的主效应临界显著，$F(1, 159) = 2.83$，$p = 0.06$，而病人患病程度与思维联系性的交互作用显著，$F(1, 159) = 3.48$，$p < 0.05$。如图1所示，病人对疾病产生过程中内在应激因素的评价不仅受思维方式联系性的影响，而且与病人自身患病严重程度有关。对得病不严重的病人来说，随着联系性得分的增加，病人对自身内在应激因素的评价也增加；但得重病的病人随着联系性的提高，对自身内在因素的评价却出现了倒U形曲线。

受教育程度与思维特性：以疾病产生中的自身应激状况、社会支持利用和疾病康复中的外在支持因素、主观内在态度为因变量，发现思维方式的不同维度和受教育程度结合在一起，对病人的相关观念产生影响。在自身应激状况和社会支持利用上，受教育程度的主效应均明显，$F(1, 159) = 5.45$，$p = 0.03$；$F(1, 159) = 5.60$，$p = 0.03$，受教育程度越高，对这两个

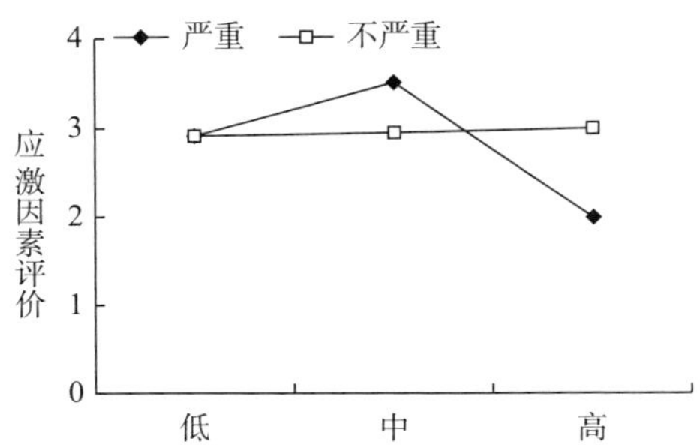

图 1　思维联系性与疾病程度在内在应激上的交互作用

因素的评价也越高。在疾病康复中的外在支持因素上，受教育程度没有影响，思维的变化性有主效应，$F(1, 159) = 9.47$，$p < 0.001$：变化性越大，外在支持因素的评价越低。在对疾病康复中主观内在态度的评价上，受教育程度没有影响，但思维方式的影响明显：思维的变化性［$F(1, 159) = 6.06$，$p < 0.001$］有很明显的主效应。具体表现为：变化性越强的病人对主观内在态度的评价越低。

在分析矛盾性对主观内在态度影响的时候，我们发现尽管受教育程度和思维矛盾性的主效应均不明显，但二者之间的交互作用却很明显，$F = 4.52$，$p = 0.01$。如图 2 所揭示的那样，病人对自己主观内在态度在疾病康复中作用的评价不仅与自身思维矛盾性有关，而且受到受教育程度的影响。

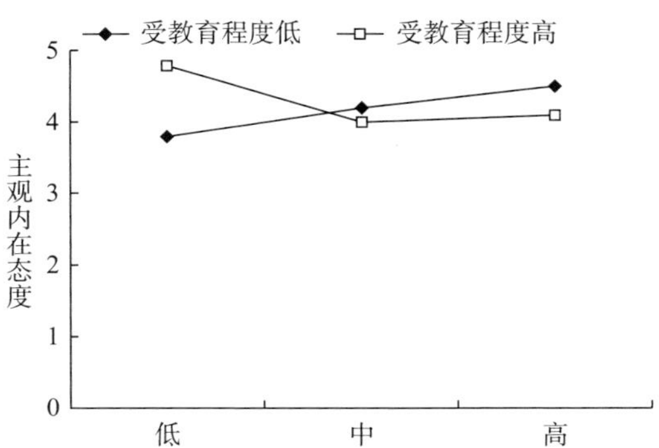

图 2　思维矛盾性与受教育程度在主观内在态度上的交互作用

四　分析与讨论

本研究探讨了思维方式的不同维度以及受教育程度、性别、病情等因素对病人健康观念的影响，基本上支持了我们对中国人整体思维方式特性的解释，同时也获得了一些新的、有意思的结果，如思维方式和老年人有关疾病产生与康复的观念有着密切的关联，思维方式和其他特征一起对病人的健康观念产生影响，等等。

Robertson（2017）发现经历过家庭冲突、家人生病等压力情境的老人，会比一般老人有更强的认知能力，而且也更少患有失智症。这是因为压力迫使老人们运用思维去解决问题，让他们更多地使用自己的认知功能，减缓了认知功能的退化。本研究发现思维方式的一些维度和个体有关疾病产生与康复的观念有着密切的关联，思维联系性越强的病人，在评价自己疾病康复原因时越强调外部支持和主观内在态度两方面的作用。

这一结果支持了我们对联系性的假设，因为联系性强的人在看待问题时常常把许多因素综合在一起考虑，所以他们不会单单强调某一方面，而是认为外在和内在因素在自己疾病康复过程中起着同等重要的地位。李建新（2007）提出在老年人日常生活照料的实践中，需全面评估其生理、心理和认知的健康变化情况，在此基础上，我们还应该关注老年人的生活环境，采取更多措施来提高他们的生活满意度。与联系性不同，思维的变化性则和这两个因素呈负相关，并且和疾病康复中的自身因素和社会支持因素也呈一定程度的负相关，这一结果表明思维变化性的负面效果，这一效果在随后的研究中也得到了证实。随后的归因研究也证明了这一点：思维变化性高的病人认为生理和心理因素以及自我和情境因素在疾病产生中的作用相当，在疾病康复中生理和心理因素也基本平衡。思维变化性高的病人不能确定哪些因素更重要，所以他们认为这些因素的作用差不多。而变化性低的病人则认为内在心理因素对疾病产生和康复的作用更大一些，这是因为这些人不易受外在环境的影响，看待问题比较稳定。思维变化性中等的病人把疾病产生和康复更多地归于生理因素，这一结论对我们控制疾病的干预提供了一条思路：通过了解病人的思维方式的变化性程度，然后进行针对性的干预。仲劼怡（2012）也指出心理干预对老年病人来说是有效的改善途径。

思维矛盾性与疾病产生和康复中有关因素的关系也支持了我们对矛盾性的假设。矛盾性指个体能够承认和容忍矛盾，能用矛盾的观点看问题。武怡堃和 Oyebode（2012）发现空巢老人因为社会支持的缺乏，其身心健康受影响程度较大，社会支持的利用对于老年人的健康状况和疾病相关状况有重要影响。本研究发现矛盾性与疾病产生中对社会支持的利用以及疾病康复中对主观内在因素的评价表现出正相关，与其他两个因素也有一定程度的相关。因为矛盾性高的人在看待问题的时候强调对立因素的作用，所以在评价疾病产生因素时，他们不仅强调自身应激状况的作用，而且也在一定程度上看重社会支持利用因素；在评价疾病康复因素时，也同时强调外在支持因素和主观内在态度的影响。陈建民、朱跃华和张载福等（2008）提出不同的归因风格对个体健康水平的认知会产生较大影响。随后的归因研究也证明了思维矛盾性的影响，思维矛盾性强的病人，在对疾病的归因中越追求自我因素和情境因素的平衡，而不是只强调其中的一个方面。

在研究中，我们发现思维方式和其他特征一起对病人的健康观念产生影响。思维变化性与性别因素在康复中的生理归因上存在着交互作用。对男性而言，随着思维变化性的增加，对生理和心理因素在疾病康复中的归因模式是：生理心理平衡→生理因素→心理因素；而对女性而言，模式则是：强调心理→心理与生理平衡→强调生理。为什么变化性不同的男性和女性会有不同的模式呢？也许和生理与心理因素对男性和女性的不同影响有关，女性由于身体在生理变化方面的周期性，使得她们对生理变化可能比男性更敏感，所以她们强调生理因素对康复的重要性。而这些生理变化对男性的影响较小，所以男性更可能把心理因素放在重要的位置，这两种模式反映了男性和女性适应环境的策略差异。Soto（2015）认为人格也会发生改变：既有包括随着年龄增长而表现出的自然的成熟，也有包括受到外界因素的影响而发生改变。年龄增长导致的人格变化也在不同的文化环境下体现出了差异。香港学者针对“乐观”这一人格特质进行的跨文化研究显示，在美国的样本中，年龄越大，会表现出越乐观的趋势；而在中国香港的样本中，被试的年龄越大，乐观的程度越低（You，2009）。

研究还发现思维方式和患病程度会影响疾病产生中的内在应激。在患病不严重的时候，思维的联系性对内在应激因素的评价没有影响；但当老年患者所患疾病严重的时候，思维联系性不同的病人对该因素的评价呈倒U形关系：随着联系性得分的增加，被试对内在应激因素的评价在提升，但联系性得分高到一定程度以后，被试对这一因素的评价却迅速下降。患病程度作为一个重要的因素影响着人们的评价：病情较轻的时候人们不会仔细考虑自己因何生病，因为根据认知吝啬者的假设，思考这样的问题是没有意义的，所以此时也体现不出思维特性的影响；但当人们得了较重的疾病以后，人们就不得不对自己的疾病进行归因和判断，思维特性的作用也就表现出来了。随着联系性的增加，病人对单一内在应激因素的评价降低，开始关注所有相关的因素。

受教育程度对健康观念的影响也和思维方式有关。在自身应激状况和社会支持利用上，受教育程度的主效应均明显，受教育程度越高，对这两个因素的评价也越高。这是因为受教育程度高的人对各种因素的作用比较重视，他们会从很多方面去寻找与疾病产生有关的因素。叶晓梅和梁文艳（2016）也通过研究发现受教育程度对中国老年人的生活质量有显著的正向影响，且具有稳定性和普适性。同时在疾病康复中的外在支持因素上，思维的变化性也有显著的影响：变化性大的人对外在支持因素的评价低，他们认为许多因素都对疾病的康复起作用，而不仅仅是特定的外在支持。这些都支持了我们关于思维方式的假设。研究还发现受教育程度和思维矛盾性在疾病康复中对主观内在态度评价方面的交互作用：受教育程度低的被试，随着矛盾性的增加，对康复中主观内在态度的评价也提高，而受教育程度高的病人，随着思维矛盾性的增强，对主观内在因素的评价却下降。这是因为受教育程度高的人，随着矛盾性的增加，他们考虑的因素越来越多，而不仅仅局限在自己的感受上。

本研究具有重要的理论和实际意义。从理论上讲，研究证实了我们对中国人思维方式的假设，从而为进一步的跨文化研究提供了理论上的指导。从实践上看，研究为保证个体的健康提供了一条新的思路。我们通过了解思维方式对健康观念的影响，可以有效地干预个体应对疾病的策略，从而使个体从元认知的层次排除对疾病产生有影响的因素，利用对疾病康复有利的因素。

参考文献

陈建民，朱跃华，张载福，邵海燕，黄恩，胡纪明等.（2008）. 大学生归因方式、认知态度和人格与心理健康的关系. *现代实用医学*，*20*（12），948－949.

傅宏，陈庆荣.（2015）. 积极老龄化：全球视野下的老年心理健康研究和实践探索. *心理与行为研究*，*13*（5），713－720.

侯玉波.（2013）. 社会心理学（第三版）. 北京：北京大学出版社.

侯玉波，彭凯平，朱滢.（2016）. 中国人整体思维方式量表的编制与确定. *中国社会心理学评论*，*11*（1），45－72.

胡洪曙，鲁元平.（2012）. 收入不平等、健康与老年人主观幸福感——来自中国老龄化背景下的经验证据. *中国软科学*（*11*），41－56.

李建新，刘保中.（2015）. 健康变化对中国老年人自评生活质量的影响——基于clhls数据的固定效应模型分析. *人口与经济*（*6*），1－11.

李建新.（2007）. 老年人口生活质量与社会支持的关系研究. *人口研究*，*31*（3），50－60.

李小平，葛明贵，李菲菲.（2010）. 认知吝啬原则与错误概念：MHD问题另释及验证. *心理科学*（*2*），396－399.

武怡堃，J. R. Oyebode.（2012）. 从消极应对到积极调适：社会变迁背景下城市老年人的心理调适. *武汉大学学报（人文科学版）*，*65*（4），81－86.

叶晓梅，梁文艳.（2016）. 教育能增进中国老年人的生活质量吗？——基于clhls 2005－2011面板数据的证据. *教育经济评论*（*4*），82－97

赵志裕.（2000）. 中庸思维的测量：一项跨地区研究的初步结果. *香港社会科学学报*，*5*（18），231－243.

仲劼怡.（2012）. 心理干预对社区老年心理健康的影响. *上海医药*（*18*），36－37.

Bishop, M. (2005). Quality of life and psychosocial adaptation to chronic illness and disability: preliminary analysis of a conceptual and theoretical synthesis. *Journal of Rehabilitation*, *71* (4), 230－248.

Hansen, C., (1983). *Language and logic in ancient China* (pp. 31). Ann Arbor: University of Michigan Press.

Hou, Yubo., Zhu, Y., & Peng, K. P. (2003). Thinking Styles and Disease Cognitions Among Chinese. *Journal of Psychology in Chinese Societies*, *4* (2): 161－180.

Ghorbani, S. R., Nagyova, I., Klein, D., Skorvanek, M., Rosenberger, J., & Gdovinova, Z. , et al. (2014). Self-rated health mediates the association between functional status and health-related quality of life in parkinson's disease. *Journal of Clinical Nursing*, *23* (13 - 14), 1970 - 1977.

IOM Report. (2015). Cognitive Aging: Progress in Understanding and Opportunities for Action [Online]. Institute of Medicine of the National Academies. Available online at: http://iom. nationalacademies. org/Reports/2015/Cognitive-Aging. aspx (Accessed).

Ji, L. J. , Peng, K. , & Nisbett, R. E. (2000). Culture, control, and perception of relationships in the environment. *Journal of Personality & Social Psychology*, *78* (5), 943 - 955.

Jylh, M. (2009). What is self-rated health and why does it predict mortality? towards a unified conceptual model. *Social Science & Medicine*, *69* (3), 307 - 316.

Peng, K. , & Nisbett, R. E. (1999). Culture, dialectics, and reasoning about contradiction. *American Psychologist*, *54* (9), 741 - 754.

Peng, K. , Nisbett, R. E. , & Wong, N. Y. C. (1997). Validity problems comparing values across cultures and possible solutions. *Psychological Methods*, *2* (4), 329 - 344.

Robertson, I. (2017). *The stress test: How pressure can make you stronger and sharper.* NewYork, NY: Bloomsbury USA.

Singh, R. , & Upadhyay, A. (2014). Mental health of elderly people. *Journal of Psychosocial Research*, *9* (1), 61.

Soto, C. J. (2015). Is happiness good for your personality? Concurrent and prospective relations of the big five with subjective well-being. *Journalof Personality*, *83* (1), 45 - 55.

Tversky, A. , & Kahneman, D. (1974). Judgment under uncertainty: Heuristics and biases. *Science*, *185* (4157), 1124 - 1131.

You, J. , Fung, H. H. , &Isaacowitz, D. M. (2009). Age differences indispositional optimism: A cross-cultural study. *European Journal of Aging*, *6* (4), 247 - 252.

Zeng, Y. , Feng, Q. , Hesketh, T. , Christensen, K. , & Vaupel, J. W. (2017). Survival, disabilities in activities of daily living, and physical and cognitive functioning among the oldest-old in china: A cohort study. *Lancet*, *389* (10079), 1619.

Thinking Style and Awareness of Disease among Community-based Elderly Patients

Hou Yubo, Wang Ting

(Department of Psychology and Beijing Key Laboratory of Behavior and Mental Health, Peking University, Beijing, 100871, China)

Abstract: The thinking style reflects the perceptual process and the cognitive pattern of individuals and groups from different cultural background when facing with problems. Since 1990s, psychologists have compared the thinking style of Chinese and Americans and they found that westerners tended to engage more in analytic thinking, whereas Chinese preferred holistic thinking. Further research conducted by Hou and his colleges suggested that the holistic thinking included the holism, change and contradiction in information processing. Based on the structure of Chinese thinking style, the present study investigated the behavioral and psychological effect of the holistic thinking style on the elderly patients in the health-care field. 160 elderly patients were investigated by the Chinese thinking style rating scale and the questionnaires on the factors of disease origin and disease rehabilitation, which are all prepared by our team. Then we found patients' awareness of the disease origin was highly correlated with their thinking styles. Elderly patients with stronger contradictory thinking styles tended to make more use of social support and their own stress mechanism; those who with stronger changeable thinking pattern tended to make less use of social support. From the perspective of disease rehabilitation, patients with stronger holistic thinking pattern emphasized the value of the external supportive factors and the internal attitude on the rehabilitation more; whereas patients with stronger changeable thinking did not admit the positive influence of the external supportive factors and the internal attitude on the rehabilitation. The study also found that, apart from thinking style, other factors (including gender, age and education level) simultaneously altered the elderly patients' awareness of the disease origin and disease rehabilitation. The study proved our hypothesis that thinking style could influence the mechanism and the results were valuable in the maintenance of an individual's physical and mental health.

Keywords: Culture; Thinking Style; Chinese Holistic Thinking Rating Scale; Health

心理疾病内隐污名：疾病归因和负责任判断的预测作用*

王晓刚**
（西南民族大学社会学与心理学学院）
杜李琴
（四川文轩职业学院）
徐　畅
（西南民族大学社会学与心理学学院）

摘　要　为考察心理疾病归因和负责任判断对心理疾病内隐污名的影响，改进学校社区开展的心理健康教育宣传工作，本研究以大学生为被试，采用心理疾病污名 SC－IAT、心理疾病归因和负责任判断问卷进行施测。结果发现，指向患者的病因认知（心理归因和人际归因）和负责任判断（个人负责任判断）与内隐污名有显著的相关关系。回归分析发现，个人负责任判断对内隐污名有显著的预测作用，并对人际归因与内隐污名的关系有中介作用。

关键词　心理疾病　内隐污名　SC－IAT　疾病归因　负责任判断

心理疾病污名是指个体对心理疾病患者的负面态度（王晓刚，尹天子，黄希庭，2012）。心理疾病污名不仅影响心理疾病患者的治疗与康复（Rüsch et al.，2009；Verhaeghe & Bracke，2011），还与社会和谐及公平相悖

* 本文受西南民族大学创业创新项目（201610656056），西南民族大学中央高校基本科研业务费专项资金青年项目（2016SZYQN34）和四川绵阳未成年人心理成长指导与研究中心项目（SCWCN2016YB10）的资助。

** 王晓刚，博士，副教授，E－mail：wxg@ swvn. cn

（Corrigan，Markowitz，Watson，Rowan，& Kubiak，2003；Verhaeghe & Bracke，2011）。随着我国社区心理健康服务体系的发展与建设，未来工作应重视对心理疾病污名问题的研究和干预工作，提高相关服务工作的质量。

污名的准确测量是心理疾病污名研究和干预的重要前提。然而，以自陈量表为主的心理疾病污名外显测量往往不能准确反映人们对心理疾病患者的真实态度（Rusch et al.，2009；王晓刚，尹天子，黄希庭，2012；王晓刚，尹天子，陶鹏，2014）。以内隐联想测验为代表的间接测量方法被认为能够更好地测量人们对心理疾病患者的真实的、自动化的态度。因此，这类测量方法逐渐成为研究者们测量心理疾病污名的新途径（王晓刚，尹天子，黄希庭，2012）。

心理疾病污名研究的最终目标是降低甚至消除污名的负面作用。因此，探讨心理疾病污名的预测因素，有助于更好地开展去污名干预的研究和实践。归因理论认为对重要事件的归因会影响人们对其的态度和行为（Weiner，1993；Corrigan et al.，2001），因此不少研究也围绕心理疾病的病因认知展开了探讨（Weiner，1993；Pyne，Kuc，Schroeder，et al.，2004；Yen，Chen，Lee et al.，2005）。Corrigan 等人（2003）指出对心理疾病的负责任判断也会影响人们以什么方式对待患者。周志玉（2006）的研究还发现，负责任判断还调节着其他疾病相关变量对污名的影响。若负责任判断指向患者，将会引发较强的负面态度和歧视行为；如果指向患者的负责任判断较低，那么会引发较积极的态度和行为反应（周志玉，2006；韩德彦，2010）。另有研究还提出并支持将疾病归因于生理或遗传因素有助于降低心理疾病污名（Corrigan et al.，2003；Illes et al.，2008），这种方法已成为一种受到推崇的去污名干预策略。

由于社会文化的差异，东西方被试对心理疾病的病因认知与西方的病因认知并不完全一致（韩德彦，2010；Yang，2007）。研究发现，西方被试更倾向于将心理疾病归为饮食、遗传和社会环境因素，而东方文化下的被试则更多归因于生活作风和人性软弱等原因（Nakane et al.，2005）。港台研究发现，华人往往将心理疾病归因为心理或超自然因素，并且具有泛道德化的倾向（范碧玉等，1993；韩德彦，2010）。这些研究也表明，归因方式也与心理疾病污名存在较大的关系；当与人性或道德联系在一起时，人们对心理疾病的态度会表现得更为消极。

基于以上分析，本研究认为心理疾病的病因认知和负责任判断可能是心理疾病污名的预测因素。为此，本研究选用韩德彦（2010）编制的心理疾病归因问卷考察被试在命定、心理、身体和人际四个归因维度上的疾病归因特点，并结合周志玉修订的负责任判断问卷分析被试对心理疾病的（个人和外在）负责任判断情况，采用王晓刚等（2012，2014）编制的心理疾病污名 SC－IAT 评估被试的心理疾病污名程度，并形成以下三个具体假设：（1）指向患者的心理归因、生理归因、个人负责任判断与心理疾病污名具有正相关关系；（2）指向外部的环境和人际归因、外在负责任判断与心理疾病污名存在负相关关系；（3）负责任判断影响着病因归因与心理疾病污名之间的关系。

一　方法

（一）对象

66 名大学生有偿参加实验（男生 33 人，女生 33 人；年龄 19.05 ±0.99 岁）。所有被试视力或矫正视力正常，右利手，无色盲或色弱，熟悉电脑的基本操作。

（二）工具与方法

心理疾病污名采用王晓刚等人开发的 SC－IAT 内隐污名测量工具（Wang，Huang，Jackson et al.，2012；王晓刚等，2014；王晓刚，尹天子，陶鹏，2014）来进行测量，其中测量所用的概念词包括“心理异常、精神疾病、心理治疗、心理问题、精神药物、精神病院”，而属性词分别是 6 个消极词（危险、脆弱、讨厌、害怕、排斥、避开）和 6 个积极词（可敬、坚强、欢快、愉快、接近、关爱）。

SC－IAT 程序模式分为练习阶段和测试阶段，练习阶段数据不进入实验结果分析，只分析测试阶段数据。三类标签位于屏幕的左或右上方，具体作为刺激的概念词和属性词则在屏幕正中央逐个出现。如果刺激词属于左侧的类别，要求被试按“1”键；若该词属于右侧类别，要求被试按“2”键。为防止反应偏差，相容任务中“心理疾病词”、“消极词”和“积极词”按照1∶1∶2的频率出现，使得左右按键的比率各50%；不相容任务中，“消极词”、“积极词”和“心理疾病词”按照2∶1∶1的频率出现，使得左右按键的比率各50%。被试在归类任务中会给予及时反馈。判断正确会在屏幕中央出现绿色的“√”，持续150ms，如果判断错误会在屏幕中央出现红色的“×”，持续150ms；如果未在1500ms内做出反应，屏幕中央会显出白色的“?”提示被试尽快反应（Wang et al.，2012；王晓刚等，2014）。

心理疾病归因采用韩德彦基于面谈解释模型（Exploration model of interview catalogue，EMIC）编制的心理疾病归因问卷（韩德彦，2010），用于测量个体对引发心理疾病的病因的看法。该问卷共15个题项，包括命定、心理、身体和人际四个维度。该问卷在本研究中的内部一致性系数为0.80。

负责任判断问卷是周志玉（2006）在归因问卷（Attribution questionnaire）中的责任推断题项基础上修订而成，用于测量人们对抑郁症的负责任判断（Corrigan et al.，2003）。为了适用于本研究的目的，我们对问卷中“抑郁症”的表述修改为“心理疾病”。问卷包括“外在负责任推论”和“个人负责任推论”两个维度，共6个题项；采用Likert五点计分（1－5），1表示非常不同意，5表示非常同意，总分越高则表示被试越认为心理疾病是患者自己应负责的或是他人负责的。该问卷在本研究中的内部一致性系数为0.72。

（三）研究程序

内隐污名测量工具采用Eprime2.0软件编制成电脑程序，在电脑上完成测量，而其他问卷采用纸笔方式施测。主试对被试完成内隐测量和问卷调查的顺序进行了平衡。内隐测量的数据采用Karpinski和Steinman（2006）在SC－IAT研究中提出的方法对数据进行预处理。

二　结果与分析

内隐污名（D值）为0表明SC－IAT被试对心理疾病的内隐态度为中性，既不积极也不消极。以0分为标准进行单一样本t检验，结果发现D值显著大于0（$t=5.32$，$df=65$，$p<0.001$），表明被试对心理疾病患者的态

度是负面的。为了比较归因倾向，研究将各归因维度题项得分除以题项数，发现被试在五点计分上归因得分顺序依次为心理归因（3.96）、人际归因（3.40）、身体归因（2.98）和命定归因（2.54）（括号内的得分为相对于1－5的平均得分）。此外，被试倾向于认为心理疾病患者应当为患病和治疗负责，而不是由外部因素或周围的人负责。

表1　内隐污名和其他测量工具的描述性统计

	内隐污名	命定归因	心理归因	身体归因	人际归因	个人负责任判断	外在负责任判断
M	0.60	12.70	11.88	11.95	10.20	21.73	15.68
SD	0.92	3.40	3.05	2.57	2.49	4.27	3.63

相关分析发现，心理疾病病因认知中的心理归因和人际归因，以及个人负责任判断与心理疾病内隐污名有显著正相关关系；命定归因、身体归因、外在负责任判断与内隐污名几乎没有相关（见表2）。

表2　心理疾病内隐污名与疾病归因、负责任判断的相关分析

	命定归因	心理归因	身体归因	人际归因	个人负责任判断	外在负责任判断
心理归因	0.61**					
身体归因	0.47**	0.48**				
人际归因	0.55**	0.64**	0.58**			
个人负责任判断	0.22	0.35**	0.33**	0.45**		
外在负责任判断	0.29*	0.17	0.50**	0.26*	0.68**	
内隐污名	0.06	0.24*	0.05	0.22*	0.33**	-0.01

注：人际归因与内隐污名之间的关系达到边缘显著（$p=0.07$）。

基于相关分析的结果，本研究以内隐污名为因变量，分别以心理归因、人际归因和个人负责任判断为自变量进行回归分析，以便更好地探讨这些因素对内隐污名的预测效用。方差检验表明，三个变量拟合的预测内隐污名的回归模型具有统计学意义［$F(4, 61)=2.91$，$p<0.05$］。决定系数（β）的检验表明，个人负责任判断的β值达到显著水平，其余两个变量对内隐污名的预测作用没有达到显著水平（见表3）。

表 3　心理归因、人际归因、个人负责任判断与内隐污名的回归分析

	R	R^2	R^2校正系数	F	β	t
个人负责任判断				0.28	2.11*	
心理归因	0.42	0.17	0.12	3.20*	0.08	0.51
人际归因			0.03	0.16		

表 4　个人负责任判断对内隐污名的预测模型

	自变量进入顺序	R	R^2	R^2校正系数	F	常数项	β	t
模型 1	个人负责任判断	0.33	0.11	0.09	7.54	-0.92	0.33	2.75**

本研究假定负责任判断在内隐污名与病因认知之间起到中介作用。本研究采用分别拟合回归方程的方法来实现对总体路径分析模型的参数估计（张文彤，董伟，2004）。表 4 的结果表明，负责任判断中仅个人负责任判断对内隐污名有显著的预测作用。基于此，本研究将以病因认知的四个维度为自变量，以个人负责任判断为因变量进行回归分析，进而构建内隐污名影响因素的途径模型。结果发现，仅有人际归因对个人负责任判断的预测作用达到显著水平（$\beta = 0.45$，$t = 3.40$，$p < 0.01$）。这表明个人负责任判断调节着人际归因与内隐污名的关系。

图 1　心理疾病内隐污名预测因素的路径

三　结论与讨论

在本研究中，被试倾向于将心理疾病词与消极词联系在一起，表明他们对心理疾病患者的内隐态度是负面的。这与王晓刚等人（2014）的研究结果基本一致：被试对心理疾病的内隐态度是消极的。此外，被试更倾向于将心理疾病归因和负责任判断指向患者，而不是外部因素。归因方式由高到低依次是心理归因、人际归因、身体归因和命定归因，在一定程度上表明人们最常用的心理疾病病因是心理和人际问题（韩德彦，2010）。从负责任判断的问卷得分看，被试更明确心理疾病患者应当承担患病和治疗的责任，而不确定他人是否应当承担心理疾病患者的患病和治疗责任。简言之，被试更倾向于将心理疾病的负责任判断指向患者自身。

相关研究表明，心理归因和人际归因与内隐污名有显著的正相关关系，且以心理归因为最大。也就是说，人们倾向于认为心理疾病是心理因素所造成，而心理因素与心理疾病内隐污名的关系最密切。个人负责任判断也与内隐污名之间存在显著的正相关。这一结果表明，指向心理疾病患者的病因归因和负责任判断具有显著的正相关关系，假设1得到验证。归因理论认为对重要事件的归因会影响人们对其的态度和行为（Weiner，1993；Corrigan.，River，Lundin，et al.，2001）。当个体的问题被认为是当事人应当为此负责时，相对应的污名就会较强。例如，因为混乱的性行为而罹患艾滋病或是因为缺少运动而导致肥胖，这些情况往往被认为是由于个体缺乏努力而发生，这样的事情被视为一种“罪”（Sin），当事人应当为此负责，并被人们看作是缺乏道德的（Weiner，1993）。

然而，本研究没有发现指向外部的病因归因和负责任判断具有显著的负相关关系，假设2没有得到支持。对此，本研究认为：首先，从平均分可知，本研究的被试并不确定心理疾病的患病或治疗与外部因素是否存在责任关系。其次，如前所述，华人倾向于将患病归咎于患者自身的因素，而与外部因素无关。这些因素都可能使得外部负责任判断对内隐污名不会产生影响。值得注意的是，本研究用于测量二者的工具的信效度指标并不理想，这可能也影响了它们与内隐污名的关系。

进一步分析发现，心理归因、人际归因、个人负责任判断对内隐污名都有独立且显著的预测作用。而逐步回归分析发现，仅个人负责任判断进入最终的回归方程，对心理疾病内隐污名有显著的预测作用。这进一步肯定了指向患者自身的负责任判断会加剧内隐污名的程度。负责任判断是个体关于心理疾病的重要知识，它与内隐污名的知识结构都是以心理疾病为表征范畴的，因此二者在长时记忆中可能存在较为密切的联结。根据归因理论，我们也可发现人们对指向患者自身的病因认知和负责任判断对于态度的形成具有决定性的影响。从进一步的分析还可以发现，个人负责任判断还对人际归因影响内隐污名起着调节作用。具体来看，当人们将患者的病因归于人际问题时，并不会推论患病或治疗的责任应当由外部因素承担，而是推论患者本身应对此负责。

针对以上研究发现，本研究认为，在未来的社区心理健康服务工作中，应针对常见或多发心理疾病的形成进行宣传、培训或讲解，提高大众对这些疾病的科学认识，树立科学的心理健康观念，培养积极的心理疾病治疗态度。特别是，这些工作要在一定程度上弱化人们对心理疾病的不可控归因、自责归因或泛道德归因，降低人们随之而带来的无力感、耻辱感等心理疾病污名现象，促进人们在出现心理问题时及时求助，更好地维护心理健康水平。

由于研究工具和样本存在一定的局限性，本研究仅仅是探索心理疾病内隐污名影响的初步尝试，上述结果也有待进一步检验。

参考文献

范碧玉，叶英堃，李淑宜，林秀霞．（1993）．精神疾病患者就医行为研究．*公共卫生*，*20*，83－97.

韩德彦．（2010）．忧郁污名探究：病因归因与面子顾虑之影响．博士学位论文．台北：台湾大学．

王晓刚，黄希庭，陈瑞君，章麟．（2014）．心理疾病内隐污名的性质初探：来自单类内隐联想测验的证据．*心理科学*，*37*（2）：272－276.

王晓刚，尹天子，黄希庭．（2012）．心理疾病内隐污名述评．*心理科学进展*，*20*（3）：384－393.

王晓刚，尹天子，陶鹏．（2014）．心理疾病内隐污名表征范畴的典型性比较，*贵州师范大学学报*（自然科学版），*32*（4）：34－37.

周志玉（2006）．*忧郁症污名研究：可控制性归因，危险相关的例句依赖刻板印象对歧视行为的影响*．硕士学位论文．桃园：中原大学．

Corrigan P. W.，Markowitz F.，& Watson A. Structural levels of mental illness stigma and discrimination. *Schizophrenia Bulletin*，2004，*30*（3）：481－491.

Corrigan P. W.，Markowitz F.，Watson A.，et al. An attribution model of public discrimination towards persons with mental illness. *Journal of Health and Social Behavior*，2003，*44*（2）：162－79.

Corrigan P. W.，River L. P.，Lundin，R. K.，et al.（2001）. Three strategies for changing attributions about severe mental illness. *Schizophrenia Bulletin*，*27*（2）：187－95.

Illes J.，Lombera S.，Rosenberg J.，et al.（2008）. In the mind's eye：provider and patient attitudes on functional brain imaging. *Journal of Psychiatric Research*，*43*（2）：107－114.

Jorm, A. F., Korten, A. E., Jacomb, P. A., Christensen, H., Rodgers, B., & Pollitt, P. (1997). Public beliefs about causes and risk factors for depression and schizophrenia. *Social Psychiatry and Psychiatric Epidemiology*, *32* (3): 143 - 148.

Karpinski, A., & Steinman, R. B. (2006). The single category implicit association test as a measure of implicit social cognition. *Journal of Personality and Social Psychology*, *91* (1), 16 - 32.

Nakane, Y., Jorm, A. F., Yoshioka, K., Christensen, H., Nakane, H., & Griffiths, K. M. (2005). Public beliefs about causes and risk factors for mental disorders: A comparison of Japan and Australia. *BMC Psychiatry*, *5* (1): 1 - 9.

Pyne J. M., Kuc E. J., Schroeder P. J., et al. (2004). Relationship between perceived stigma and depression severity. *Journal of Nervous & Mental Disease*, *192* (4): 278 - 283.

Rüsch N., Corrigan P. W., Wassel A., et al. 2009), Ingroup perception and responses to stigma among persons with mental illness. *Acta Psychiatrica Scandinavica*, *120* (4): 320 - 8.

Verhaeghe M., & Bracke P. (2011). Stigma and trust among mental health service users. *Archives of Psychiatric Nursing*, *25* (4): 294 - 302.

Wang X. G. Huang X. T, Jackson T. (2012). Components of implicit stigma against mental illness among chinese students. *PLOS ONE*, *7* (9): e46016.

Weiner B. (1993). On sin versus sickness: A theory of perceived responsibility and social motivation. *American Psychologist*, *48* (9): 957 - 965.

Yang L. H. (2007). Application of mental illness stigma theory to Chinese societies: Synthesis and new direction. *Singapore Medicine Journal*, *48* (11): 977 - 85.

Yen C. F., Chen C. C., Lee Y., et al. (2005). Self-stigma and its correlates among outpatients with depressive disorders. *Psychiatric Services*, *56* (5): 599 - 601.

Implicit Stigma against Mental Illness: The Predictive Effect of the Attribution and Judgment of Responsibility toward Mental Illness

Wang Xiaogang
(School of Sociology and Psychology, Southwest University for Nationalities, Chengdu, 610041, China)
Du Liqin
(Sichuan Winshare Vocational College, Chengdu, 611330, China)
Xu Chang
(School of Sociology and Psychology, Southwest University for Nationalities, Chengdu, 610041, China)

Abstract: The present study aimed to explore the effect of the attribution and judgment of responsibility on implicit stigma against mental illness. A sample of 61 college students was recruited in the present study. The current study used SC - IAT, the attribution and judgment of responsibility of mental illness questionnaires to examine their predicting effects toward implicit stigma. There is a significant implicit effect in our study; the attribution of mental illness (mental attribution and interpersonal attribution) and responsibility judgment (individual responsible judgment) were significantly associated with implicit stigma; Individual responsible judgment was predictive factor of implicit stigma, and interpersonal attribution mediated this relationship. Participants have implicit negative attitudes toward mental illness, and individual responsible judgment can predict the implicit stigma against mental illness.

Keywords: Mental Illness; Implicit Stigma against Mental Illness; SC - IAT; Mental Illness Attribution; Judgment of Responsibility

社区融入心理

城乡生活环境变迁对流动儿童心理发展的影响*

许晶晶

（中国政法大学心理健康教育与咨询中心）

杨佳慧　师保国**

（首都师范大学心理学院，“学习与认知”北京市重点实验室）

摘　要　城镇化进程带来了城乡流动人口数量的快速增加，在此背景下了解流动儿童的心理发展状况对于揭示环境变迁对个体心理发展的影响，促进流动儿童群体的身心健康发展与素质提升，以及保障整个社会的和谐与稳定都具有重要意义。自2007年以来，对流动儿童心理发展的基本状况、影响因素及其内部机制等问题开展了一些研究，文章将对这些研究成果进行梳理，主要阐述两个方面的问题：环境变迁对儿童的社会适应带来的压力与挑战；城乡流动对儿童的创造力发展产生的积极作用。最后，根据当前研究现状提出了未来开展研究的建议。

关键词　流动儿童　城乡流动　社会适应　创造力

流动儿童又称进城务工人员子女，是指随父亲、母亲或其他监护人在流入城市暂时居住半年以上的农村儿童少年。随着我国社会、经济的迅猛发展及城镇化、工业化进程的快速推进，由农村进入城市工作的流动人口规模迅速增加，以整体家庭为单位的流动现象也越来越多，由此带来了数量众多的进城务工人员子女，这些孩子在流入地接受教育及生活逐渐成为

---

* 本文受北京市社科基金一般项目（14JYB015）、教育部人文社会科学研究青年基金（10YJCXLX039）、北京市优秀人才培养计划（2010D005016000005）和北京高校青年英才计划等项目的支持。

** 通讯作者：师保国，副教授，E－mail：baoguoshi@ cnu. edu. cn。

一种社会常态。据2010年第六次人口普查数据，全国共计有进城务工的农民约2.3亿，跟随他们进城生活、学习的0－17岁流动儿童则达到了2877万（全国妇联课题组，2013），其中义务教育阶段适龄儿童约1200万（马晖，2010）。这些孩子会随监护人在流入城市长期居住，并成长为城市的新市民，因此了解他们的心理发展状况就变得非常重要。长远来看，这对于揭示环境变迁对个体心理发展的影响，推动流动儿童群体的健康发展与素质提升，以及保障整个社会的和谐与稳定都具有重要意义。在中国知网（CNKI）数据库中以"流动儿童"为关键词进行搜索，可以看到自20世纪90年代以来相关的期刊论文数量持续上升，以曾守锤、方晓义、蔺秀云、王毅杰、王中会、邹泓等为代表的研究者，围绕流动儿童的心理健康、家庭教育、学校适应等方面开展了大量深入的研究。同时，近十年来我们也陆续参与或主持了与流动儿童有关的教育部哲学社会科学重大攻关课题、教育部人文社会科学研究青年基金、北京市社科基金一般项目、北京市优秀人才培养计划和北京高校青年英才计划等研究课题，对城镇化进程中农民工子女的情绪和社会性等问题进行了持续的关注，并获得了一些研究结果。文章将对研究者在该领域取得的研究成果进行梳理和总结，力图通过对流动儿童心理发展状况的描述与分析，揭示城乡环境变迁对个体心理发展所带来的挑战与机遇，为流动人口教育政策的制定提供参考依据。

子女跟随父母由农村进入陌生的城市生活，对这些儿童而言，由此带来的环境变化具有两面性。消极的一面是，虽然家庭成员没有变化，但是家庭的外部环境却发生了重大变化，并由此导致某些方面的权益丧失，儿童需要对外部的陌生环境进行适应，在这个过程中，其心理健康会受到一定影响。积极的一面是，从农村进入城市这一环境变迁的经历为儿童发展提供了有利条件，比如，城市拥有丰富的科技、信息和人文资源以及良好的生活秩序，为他们接受更好的教育提供了外部条件，这样也可能对儿童心理发展起到积极的作用。城乡流动为儿童心理发展到底带来了什么？以下，将根据近几年的研究对此进行总结、梳理。

一　流动儿童的歧视知觉、主观幸福感及相关因素

由于生活方式、城乡文化背景、价值观念的巨大差异以及户籍制度的

限制，流动儿童跟随父母从经济条件相对较差的农村进入城市，在家庭环境、人际网络、教育发展等资源方面，其与城市儿童相比处于相对弱势，这些必然对其社会适应带来各种压力和挑战（师保国、徐玲、许晶晶，2009）。为了揭示流动儿童的社会适应状况，我们考察了流动儿童的歧视知觉、主观幸福感、安全感、社会支持等方面的基本表现。

歧视知觉是指由于个体所归属的团体成员身份（如国籍、城乡户籍等），当事人知觉到的有区别的或不公正的对待，是相对于客观歧视而言的一种主观体验（刘霞、师保国，2011）。一项针对503名小学和初中流动儿童的研究发现，总体上流动儿童的歧视知觉处于中等程度，表明流动儿童的歧视知觉在整体上并不明显（邓小晴、师保国，2013），但存在学校类型与年级等变量上的差异。进一步研究发现，歧视知觉存在显著的年级差异，具体表现为初中三年级的歧视知觉显著高于初中二年级及小学四、五、六年级。此外，研究还发现，公立学校流动儿童比进城务工人员子弟学校流动儿童报告了更少的歧视体验。更深入的分析表明，随着年龄的增长，流动儿童的歧视知觉也相应增加，尤其是打工子弟学校学生的增幅更为明显。究其原因，我们认为一方面是因为伴随年龄的增加，儿童的自我意识开始提升，尤其在青春期阶段，“自我中心化”使得流动儿童对外界的不公正信息更为敏感（林崇德，2008），因而体会到的歧视感更强；另一方面，在家庭经济地位、学校办学条件、校园环境、教学设施等方面，相比于公立学校，打工子弟学校都较差，这些差异使得他们更可能接收到不公平的信息（Bradley & Corwyn，2002），因而在歧视知觉上使得两类流动儿童存在差异，尤其是处于初中阶段的流动儿童。

在公立学校逐渐成为流动儿童就读学校主体的形势下，特别是以往研究对流动儿童的考察多是将其作为一个整体来看待，这种类型的学校中的流动儿童的心理发展状况尤其值得关注。就学校类型的差异而言，相比于进城务工人员子弟学校（打工子弟学校）的流动儿童，公立学校流动儿童表现出的歧视体验更低。出现这一结果可能有以下两个原因：（1）与城市儿童同在一个大的社区环境中生活学习，即使不在同一所学校，打工子弟学校学生的社会比较对象也必然包括城市本地儿童。由于打工子弟学校在办学资质、招生对象等方面的特殊性，以及来自城市居民的有意无意的社会排斥，身处其中的流动儿童更可能产生较多的被歧视的知觉。相反，公立学校流动儿童直接与城市儿童接触，对城市儿童的看法比较客观，对自己的看法也更积极（李晓巍、邹泓等，2008）。（2）进城务工人员子弟学校流动儿童的家庭经济状况相比于公立学校流动儿童的家庭经济状况要差些。刘霞、申继亮的研究指出，家庭社会经济地位能补偿歧视知觉所带来的影响。但面临生活条件的差距，父母工作的艰辛，公立学校高借读费等，进城务工人员子弟学校流动儿童可能会体验到更多由家庭经济状况差异引起的不公正感，因而相比于公立学校的流动儿童，进城务工人员子弟学校流动儿童可能会感受到更多的歧视体验（刘霞、申继亮，2010）。此外，一项对 387 名流动儿童为期 10 个月的追踪研究也发现，流动儿童歧视知觉的表现具有一定的稳定性，但随着流动时间的增加，流动儿童的歧视知觉还是表现出了显著下降的趋势，说明流动儿童的歧视知觉会随着城市适应时间的增加而减弱（王芳、师保国，2014）。

主观幸福感是反映个体自身生活质量高低的重要心理学参数，是当事人对自身生活状况满意程度的整体评估。研究发现，流动儿童的幸福感存在年级和不同学校来源的交互作用，具体表现为在小学四、五、六年级，进城务工人员子弟学校流动儿童的幸福感得分显著低于公立学校流动儿童；而在初中二、三年级，公立学校流动儿童和进城务工人员子弟学校流动儿童在幸福感得分上并无显著差异（师保国、邓小晴、刘霞，2013）。后续的研究发现，流动儿童与城市同龄儿童在幸福感方面存在一定差异，并且这种差异是与年级有关的。年级较低时，流动儿童幸福感体验虽然较高，但与同龄城市儿童存在较大差距；随着年级上升，流动儿童幸福感得分逐渐降低，但是流动儿童幸福感的降幅却没有城市同龄儿童大，到初中二年级流动儿童和城市儿童幸福感得分缩小到了没有显著差异（师保国、徐玲、许晶晶，2009）。

流动儿童的幸福感在年级和不同学校来源方面存在交互作用。这种交互作用可能由以下几个方面引起：（1）学校类型的不同导致教育资源的差异。进城务工人员子弟学校的教学设施、教学条件和师资条件都不如公立学校，相对应的，相较于公立学校流动儿童，进城务工人员子弟学校的流动儿童享有的教育资源和教育机会较少。（2）对于小学流动儿童而言，进入一个新的环境，势必会产生许多的适应问题和负面情绪体验。公立学校的流动儿童比进城务工人员子弟学校流动儿童的家庭经济地位好，因此公立学校的流动儿童所就读的学校硬件和软件方面都好于进城务工人员子弟学校，因此对他们的保护作用更好，幸福感体验更高。而进入初中之后，随着流动时间的增长，进城务工人员子弟学校流动儿童适应环境的能力相对增强，家庭经济状况得到进一步改善，幸福感相对比较稳定。另外，初中生要面临中考所带来的压力和紧张的学习状况，由于公立学校流动儿童更多地接触城市儿童，因此相比于进城务工人员子弟学校的流动儿童，公立学校流动儿童感受到的压力要大一些，从而缩小了两者幸福感得分的差距。

类似的情况在流动儿童的安全感、社会支持方面也存在。安全感是个体在应对处置事物时的有力感，以及对可能出现的身体或心理的危险或风险的预感，主要表现为人际交往过程中对生活的预测和确定感、控制感及安全体验（丛中、安莉娟，2004）。研究发现，在安全感方面，不同学校类型的流动儿童存在差异，公立学校流动儿童的安全感得分更高。这一结果与前人研究基本一致。以往研究表明，打工子弟学校流动儿童的人际安全感和确定控制感均显著低于公立学校流动儿童（温颖、师保国等，2009），而到初中两者差异不显著（马季、汪凯等，2008）。这可能是由于进城务工人员子弟学校会随时因为不具备办学资质或缺乏经费支持而被关停，造成了身处其中的流动儿童安全感的缺失。同时，公立学校流动儿童拥有更稳定的教育环境和更好的教育条件，家庭社会经济地位也相对较高，可以更好地适应城市的生活和环境，从多个方面缓解和改善了他们的不安全感。除此之外，研究也发现在社会支持方面，不同学校类型的流动儿童得分存在差异。具体表现为打工子弟学校流动儿童感知到的社会支持得分显著低于公立学校的流动儿童。这可能是由于父母、教师等给予了不同儿童以不同程度的支持。具体而言，打工子弟学校流动儿童的家庭经济状况相比于公立学校流动儿童普遍较差，其父母的职业、受教育水平相对较低，这可能造成他们的父母对他们的投入支持较少；另一方面，由于打工子弟学校的班级容量较大，教师对流动儿童的关心也可能相对较少，且存在较高的流动性，从而使得他们能获得的教师支持更少。

总体上，城乡环境变迁给流动儿童特别是打工子弟学校的儿童社会适应带来了较大的压力与挑战。那么，这其中有哪些心理因素影响了这些孩子包括主观幸福感在内的适应状况呢？我们的研究考察了不同类型学校中流动儿童感知到的班级气氛、歧视知觉、社会支持等变量，并考察了这些变量与其主观幸福感的关系。首先，打工子弟学校作为公立学校的一个合理的补充，它既不同于城市公立学校，同时也与农村流出地学校差别巨大。那么，在班级气氛这一教育环境变量方面，打工子弟学校的表现到底如何？研究发现，打工子弟学校的儿童对班级气氛的感知与农村儿童感知状况接近，与同在城市的公立学校相比确实存在较大差距，表明不同学校类型存在较大差距（师保国、申继亮等，2008），这可能也会间接地影响到流动儿童的心理表现状况。其次，我们还分析了社会支持、歧视知觉等对流动儿童主观幸福感的影响。一项以 715 名流动儿童和城市儿童为被试的调查研究（师保国、徐玲、许晶晶，2009）表明，流动儿童知觉到的社会排斥（歧视知觉）、幸福感与安全感两两之间都存在显著相关，说明这些变量关系密切。接下来的中介作用分析表明，安全感在社会排斥影响幸福感的关系中发挥着完全中介的作用。这一结果可以帮助解释流动儿童在幸福感、安全感方面与城市儿童存在的差异。流动儿童在与老师、同伴交往过程中由于遭遇社会排斥，会降低其人际交往的安全体验及对生活的控制感。但城市儿童由于缺少这种社会排斥感知，可能不会产生较低的安全体验。另外，这一结果也告诉我们，歧视知觉可能并不直接作用于幸福感，而是通过诸如安全感在内的中介变量起作用的。另外一项以 559 名公立学校和进城务工人员子弟学校的流动儿童为被试的调查研究（师保国、邓小晴、刘霞，2013）则表明，学校来源在流动儿童的歧视知觉与幸福感的关系中起着调节作用。公立学校流动儿童相比于进城务工人员子弟学校的流动儿童，前者的歧视知觉对幸福感的作用更大。这种现象的原因一方面可能是由于公立学校流动儿童的城市归属感多于进城务工人员子弟学校流动儿童（王开庆、王毅杰等，2011），公立学校流动儿童对城市有较高的归属感，更可能觉得自己是城市社会的成员，当歧视发生时，他们会觉得自己没有如期望一样被城市个体平等对待，觉得自己的身份被否定了。歧视对他们的城市归属感需要产生了威胁，从而影响了幸福感。另一方面可能是由于进城务工人员子弟学校流动儿童的老家认同高于公立学校流动儿童的老家认同（袁晓娇、方晓义等，2010），所以进城务工人员子弟学校流动儿童对内群体的情感归属高于公立学校流动儿童，而进城务工人员子弟学校的流动儿童更可能依赖内群体，并建立情绪联系，因而歧视知觉对幸福感的影响相对较小。

综上所述，以往研究发现流动儿童在歧视知觉或者社会排斥知觉方面表现出了显著的学校类型差异及年龄差异，公立学校流动儿童相较于打工子弟学校的同龄人所感知到的歧视更少，小学儿童相较于初中学生所感知到的歧视也更少。与之一致但相反的趋势是，在主观幸福感和社会支持等变量上，公立学校流动儿童、小学阶段儿童的得分也更高。就学校类型与年级的交互作用而言，一个重要的研究发现是公立小学流动儿童的主观幸福感显著高于打工子弟学校流动儿童；但到初中后两类儿童幸福感得分之间无显著差异。这些结果说明随着年龄（年级）的增加，儿童的心理状况也在不断地变化，暗示着流动时间（在城市生活的时间）所代表的环境变迁的诸多方面对儿童的影响也处在不断发展当中。

二　流动儿童的创造力

以往研究主要围绕流动儿童的情绪问题及社会适应等非认知领域进行了深入的研究，但显然儿童的心理发展状况不仅包括非认知领域，还应该包括认知领域（师保国、王芳等，2014）。可以设想当生活环境发生巨大变迁时，个体在认知领域中的表现可能会发生改变。例如，一批农村儿童由乡村环境进入城市环境中生活，他们的创造力表现会如何？围绕这一问题，我们开展了一系列研究，试图揭示城乡流动与儿童创造力之间的关系。

根据林崇德教授（1999，2006）的界定，创造力是根据一定的目的，运用一切已知信息，在独特地、新颖地且有价值地（或恰当地）产生某种产品的过程中，表现出来的智能品质或能力。它包含了创造性思维和创造性人格等两个方面的内容（申继亮，2004）。这一能力是个体在创造活动过程中展示出来的，与其认知过程和人格倾向密切相关。以往不少研究表明，创造力与文化环境的关系密切。那么，从文化相对贫乏的农村进入文化较为丰富的城市所带来的环境变迁是否会对个体的创造力产生促进作用呢？对此，我们的两项研究主要考查了城乡流动与儿童创造性思维、创造性人格的关系。

具体来说，第一项研究（Shi，Qian，Lu et al.，2012）基于测验和问卷调查方法，以909名小学五、六年级儿童为被试，使用《瑞文标准推理测验》、《托兰斯创造性思维测验，TTCT》和《被试基本信息调查表》考察了城乡流动与儿童创造性思维的关系。其中，研究一比较了流动儿童、农村儿童与城市儿童的创造性思维表现；研究二进一步比较了不同流动时间（短期、中期和长期）儿童的创造性思维表现。研究结果表明，流动儿童在非言语（图画）任务上的表现更好，而农村儿童在言语任务上的表现更好。同时，在创造性思维总分及流畅性、灵活性、独特性等各个指标上，流动儿童的得分都显著高于农村对照儿童，显著低于城市对照儿童。进一步地，在创造性思维总分及其各个指标上，短期（3年以下）流动儿童得分显著低于中期（4-7年）和长期（8年以上）流动儿童，后两者没有显著差异。此外，流动儿童的流动时间越长，其在非言语任务上表现得越好。这些结果说明，流动儿童从乡村到城市所带来的生活环境和教育环境的巨大改变使得他们的创造性思维也发生了积极的变化。简言之，城乡流动能够带来儿童创造性思维测验成绩的提高。

第二项研究（Shi, Lu, Dai et al., 2013）采用问卷调查方法，主要考察了城乡流动与小学高年级儿童创造性倾向的关系。创造性倾向也称创造性人格，它是创造性的重要组成部分，能很好地反映个体的创造潜能。具体来说，我们首先考察了流动儿童、农村儿童与城市儿童三类儿童的创造性倾向得分，并进一步比较了不同流动时间儿童的创造性倾向；然后，探讨了流动相关因素与创造性倾向的关系路径。研究结果表明，由农村到城市的流动经历与儿童的创造性倾向之间存在积极关联，具体表现为短期流动（3年及以下）儿童创造性倾向总分显著低于中期（4-7年）和长期（8年及以上）儿童，后两者没有显著差异，显示在一定程度上随着流动时间延长儿童的创造性倾向逐渐提升。同时，流动不仅能够直接预测创造性倾向，而且能够通过开放性、智力和班级气氛等个体与环境因素间接预测创造性倾向。这些结果揭示了，由文化环境相对封闭的农村到相对开放的城市的流动经历，在一定程度上有助于儿童创造性的发展。这对于了解流动人口心理状况，综合解释文化与个体因素对创造性的作用路径与机制具有重要意义。

综上所述，以往研究发现城乡流动与儿童的创造性思维与创造性人格之间存在一定的关系，具体表现为与留在农村、没有进入城市生活的儿童相比较，离开农村、进入城市生活的儿童表现出了更好的发散思维与冒险性、好奇心等创造性倾向。这些结果说明，城乡环境变迁对儿童的心理发展可能存在多方面的积极作用，特别是由文化相对单一、环境刺激相对较少的农村进入文化多样、环境刺激相对丰富的城市，能够给儿童的心理发展带来正向的促进作用。

三　总结与反思

目前，大量研究都围绕流动儿童心理健康这一主题展开。流动儿童随父母进城务工，因为成长环境遭到了不同程度的缺失或者破坏，导致其在情绪与行为适应、认知与学业发展、积极心理品质提升等方面面临诸多挑战。近年来，我们考察了不同学校类型流动儿童的心理发展特点与突出问题，分析了相关因素与其心理发展之间的关系，为深入揭示我国城乡流动人口的心理状况与发展规律提供了科学基础。同时，对流动儿童创造力的研究也揭示出该群体身上以往被忽视的一些现象，提醒人们环境变迁对流动儿童所带来的积极促进作用给予更多的关注。后续研究可以采用积极发展的视角，着眼于以下四个方面。

第一，更全面的横向比较。流动儿童是由农村环境进入城市环境生活、学习的群体。由于当前我国城市和农村社会二元结构的影响，城市在物质条件、文化氛围、生活环境以及教育资源方面普遍优于农村。相应地，生活于城市本地的儿童由于这些更为优越的条件，在认知、社会性等方面的发展状况会更加良好，而流动儿童与之相比则会存在明显差距。因此，如果只是将从农村走出来的流动儿童与城市本地儿童做横向比较，基本上得到的结果都将显示出流动儿童的劣势，诸如以往研究所考察的幸福感、社会适应性、自尊和学业成绩等方面，流动儿童很难表现出高于城市儿童的情况。显然，这些结果存在参照群体方面的偏差，不能全面地反映流动儿童的真实发展状况。为了更为全面、客观地了解进城务工人员子女的心理发展特点，未来研究应该把流动儿童流出地的农村同伴作为其对照群体进行比较，换言之，同是农村儿童，一类经历了环境变迁（由农村进入城市），另一类未经历明显的环境变迁（留在原有环境中），这两类群体的比较将更能客观地显示出流动儿童随环境变迁而发生的心理变化（师保国、王芳等，2014）。

第二，更深入的纵向研究。对流动儿童开展横断研究，有利于提高数据收集的速度，同时考察不同年龄、学段、学校类型流动儿童心理发展方面的差异，但这种方法的缺点也非常突出，既缺乏系统连贯性，也难以确定变量之间的因果关系。文献研究表明，以往大多数研究使用的是横断研究设计，从追踪角度开展的纵向研究设计使用极少（师保国、王芳等，2014）。基于这一状况，未来针对流动儿童的研究需要配合纵向追踪设计来进一步完善，例如，我们可以关注刚刚进入城市生活的流动儿童，在不同的时间点上收集其城市适应的具体变化；也可以以低年级的流动儿童为对象，对其开展历时数年的长期追踪研究，运用交叉滞后分析、潜变量增长模型等统计方法考察与城乡流动有关的因素与儿童心理发展之间的具体关系。

第三，更多针对认知发展的研究。环境变迁对个体心理的作用是全方位的，既包括情绪、人际、社会性等方面，也包括智力、思维等方面。以往研究多是围绕流动儿童的情绪发展与社会适应等非认知领域进行探讨，但这显然是不够的。前面提到的一些研究已经初步揭示出流动儿童在创造力方面表现出了自身的优势，他们虽然与城市同伴仍存在显著的差距，但相比农村同伴也显示了积极的发展趋势，与此同时，研究还发现了认知发展随流动时间延长而得以提升的趋势。这些研究结果为我们了解城乡流动与儿童认知现象之间的关系提供了有益的开端，未来的研究可以围绕智力、思维、推理和创造力等在内的流动儿童多方面的认知发展状况开展更多的实证研究。

第四，更多针对城乡流动所带来的积极影响及其机制的研究。城镇化进程的高速推进带来了人口的城乡流动现象。客观而言，从农村进入城市工作、生活，在一定程度上改善了流动者的家庭经济状况，提升了他们的生活质量。从这一角度而言，城乡流动所带来的环境变迁对儿童的心理发展产生积极、正向的促进作用也是必然的。然而以往的研究更多关注了流动儿童所遭遇的“问题”和“挑战”，并未客观、深入地考察城乡流动对儿童心理状况的全面作用。未来的研究可以基于城镇化发展的大背景，从环境变迁的视角揭示流动儿童心理方面的积极表现，并深入挖掘有关的影响机制。

参考文献

丛中，安莉娟．(2004)．安全感量表的初步编制及信度、效度检验．*中国心理卫生杂志，18*（2），97–99.

邓小晴，师保国．(2013)．流动儿童歧视知觉与自尊：社会支持与流动时间的作用．*中国特殊教育*（8），50–56.

段成荣，梁宏．(2004)．我国流动儿童状况．*人口研究，28*（1），53–59.

范兴华，方晓义，刘杨，蔺秀云，袁晓娇．(2012)．流动儿童歧视知觉与社会文化适应：社会支持和社会认同的作用．*心理学报，44*（5），647–663.

侯舒艨，袁晓娇，刘杨，蔺秀云，方晓义．(2011)．社会支持和歧视知觉对流动儿童孤独感的影响：一项追踪研究．*心理发展与教育，27*（4），401–411.

蒋应辉．(2011)．*流动儿童学校适应现状研究*．博士学位论文．成都：四川师范大学．

李小青，邹泓，王瑞敏，窦东徽．(2008)．北京市流动儿童自尊的发展特点及其与学业行为、师生关系的相关研究．*心理科学，31*（4），909–913.

李晓巍，邹泓，张俊，杨颖．(2008)．流动儿童歧视知觉产生机制的质性研究：社会比较的视角．*心理研究，1*（2），66–70.

林崇德．(2008)．*发展心理学*．北京：人民教育出版社．

林崇德．(1999)．*教育的智慧——写给中小学教师*．北京：开明出版社．

林崇德．(2006)．*教育为的是学生发展*．北京：北京师范大学出版社．

刘霞，申继亮．(2010)．环境因素对流动儿童歧视知觉的影响及群体态度的调节作用．I，*26*（4），395–401.

刘霞，赵景欣，师保国．(2011)．歧视知觉的影响效应及其机制．*心理发展与教育，27*（2），216–223.

刘欣，师保国，肖敏敏．(2012)．流动儿童的自尊与幸福感——不同学校类型的作用．*贵州师范大学学报：自然科学版，30*（4），48–52.

马晖．(2010)．流动儿童义务教育谁负责．*教师博览*（3），43–46.

马季，汪凯，朱春燕，李孝明，庞礴，王小倩．(2008)．民工子弟与公办学校初中生安全感相关研究．*中国健康心理学杂志，16*（7），778–781.

全国妇联课题组．(2013)．全国农村留守儿童、城乡流动儿童状况研究报告．*中国妇运，*（6），30–34.

师保国，邓小晴，刘霞．(2013)．公立学校流动儿童的幸福感、歧视知觉及其关系．

首都师范大学学报（社会科学版），（3），143－149.

师保国，申继亮，许晶晶．（2008）．打工子弟学校班级气氛的特点．*教育科学研究*，（8），58－61.

师保国，王芳，刘霞，康义然．（2014）．国内流动儿童心理研究：回顾与展望．*中国特殊教育*，（11），68－72.

师保国，徐玲，许晶晶．（2009）．流动儿童幸福感、安全感及其与社会排斥的关系．*心理科学*，*32*（6），1452－1454.

师保国，许晶晶，陶晓敏，肖敏敏．（2011）．少年儿童自尊与主观幸福感的关系：安全感的中介作用．*首都师范大学学报（社会科学版）*，（5），94－99.

申继亮．（2004）．从跨文化比较看我国创造性人才培养．*中国人才*，（11），57－58.

王芳，师保国．（2014）．歧视知觉、社会支持和自尊对流动儿童幸福感的动态影响．*贵州师范大学学报（自然科学版）*，*32*（1），14－19.

王开庆，王毅杰．（2011）．生活情境中的情感归属与身体归属——流动儿童城市认同研究．*中国青年研究*，（3），69－75.

温颖，李人龙，师保国．（2009）．北京市流动儿童安全感和学校归属感研究．*首都师范大学学报（社会科学版）*（s4），188－192.

袁晓娇，方晓义，刘杨，蔺秀云．（2012）．流动儿童压力应对方式与抑郁感、社交焦虑的关系：一项追踪研究．*心理发展与教育*，*28*（3），283－291.

袁晓娇，方晓义，刘杨，蔺秀云，邓林园．（2010）．流动儿童社会认同的特点、影响因素及其作用．*教育研究*，（3），37－45.

曾守锤．（2009）．流动儿童的社会适应：追踪研究．*华东理工大学学报（社会科学版）*，*24*（3），1－6.

Bradley, R. H., Corwyn, R. F. (2002). Socioeconomic status and child development. *Annual Review of Psychology*, *53*, 371－399.

Berry, J. W. (2010). Immigration, acculturation, and adaptation. *Applied Psychology*, *46* (1), 5－34.

Shi B. G., Lu Y. L., Dai D. Y., & Lin, C. D. (2013). Relationships between Migration to Urban Settings and Children's Creative Inclinations. *Creativity Research Journal*, *25* (3), 300－311.

Shi B. G., Qian M. H., Lu Y. L., Pluker, J. A., & Lin, C. D. (2012). The Relationship Between Migration and Chinese Children's Creative Thinking. *Psychology of Aesthetics, Creativity, and the Arts*. *6* (2), 106－111.

Tajfel, H., & Turner, J. C. (1986). The social identity theory of intergroup behavior. *Political Psychology*, *13* (3), 7－24.

The Influence of Urban and Rural Environmental Change on the Psychological Development of Migrant Children

Xu Jingjing

(Psychological Health Education & Counseling Center, China University of Political Science and Law, Beijing, 100088, China)

Yang Jiahui, Shi Baoguo

(Beijing Key Laboratory of Learning and Cognition & School of Psychology, Capital Normal University, Beijing, 100048, China)

Abstract: The process of urbanization brings the rapid increase of migrant population. In this context, understanding the social and cognitive development of migrant children is conducive to revealing the impact of environmental change on the development of individuals. It can also promote the physical and mental health of migrant children, and remarkably guarantee the harmony and stability of our society. Since 2007, some studies have been conducted on the characteristics, the influencing factors and the internal mechanism of the development of migrant children. This paper will summarize the researches and mainly elaborate two issues: the pressure and challenge of environmental change to children's social adaptation and the positive effects of the immigration from rural area to urban area on children's creativity. Finally, we also proposed some suggestions for future researches.

Keywords: Migrant Children; Immigration from Rural Area to Urban Area; Social Adaptation; Creativity

民族社区心理

应对方式量表民族成人版的信度与效度研究*

罗鸣春** 高 俊 李功雨 常 敬

（云南民族大学教育学院）

摘 要 修订应对方式量表并检验其在边疆民族成人中的信度和效度。在总结应对研究的基础上，采用文献回顾、专家评定等方法修订民族成人应对方式量表（Cope-Style Scale for Ethnic Adult, CSS－EA），特别增加了中庸应对的内容和题项。对288名被试进行探索性因素分析，对1758名被试进行验证性因素分析，检验CSS－EA的信度和效度。探索性因素分析提取中庸应对、问题解决、求助、发泄、回避、幻想、忍耐7个因子，验证性因素分析显示理论模型与数据拟合较好，信度、效度符合心理测量学要求。CSS－EA包括36个题项、7个维度，量表的题项与结构和中国历史文化传统相契合，可供民族成人应对研究和实践应用。

关键词 应对方式 中庸应对 民族成人应对方式量表（CSS－EA） 信度 效度

一 前言

心理学研究表明，从社会发展和经济建设的宏观态势，到个人日常生活的具体事件，都需要经由个体的解读才会对人的态度和行为产生影响（中科院心理和谐研究项目组，2008）。当前我国正处于建设全面小康社会的关键时期，社会结构深刻转型，利益格局深刻调整，思想观念深刻变化，

* 本文受国家社会科学基金项目（11BMZ004）资助，是高水平民族大学心理学一级学科硕士点培育成果。

** 通讯作者：罗鸣春，教授，E－mail：mingchunluo@126.com。

社会问题和社会矛盾多发，导致个人和社会生活中的应激源迅速增加。应对方式作为处理生活事件和心理应激与压力的重要调节变量或中介变量，它在很大程度上影响应激与压力的后果和严重程度，对维护心理健康、促进心理和谐有着重要作用。已有研究表明，中学生采用儒家式应对可以维护心理健康，缓解焦虑情绪（谷佩，邸玉玲，任彩萍等，2015）。

应对（coping）一词1967年正式进入美国心理学会（APA）《心理学摘要（Psychological Abstract，PA）》的分类目录中（Parker & Endler，1996）。从那时起到现在的半个多世纪，压力应对成为心理学研究中快速发展的领域之一。Lazarus 和 Folkman（1984）使用“应对”这个概念来表达个体在外部刺激引起的心理紧张面前为保持心理平衡、适应环境而进行的活动。把应对定义为“一种持续的认知和行为努力，以处理被个体认为是超出了其个人资源的内部或外部任务”。即应对是“包括认知和行为努力，以管理心理压力的过程”（Lazarus，1993）。从应对方式看，Lazarus（1993）区分出8种应对方式：面对型、隔离型、自我控制型、社会支持型、接受责任型、逃避－回避型、计划问题解决型、积极再评价型。从引发应对的压力源看，有研究者（Gunthert，Armeli & Cohen，1999）将其分为人际关系、学业、疾病、工作、疲劳、其他（如经济问题、住房问题等）6类。Stone 和 Neale（1984）将应对分为分心、情绪再定义、直接行动、发泄、接受、寻找社会支持、放松、宗教8种类型。Parkinson 和 Totterlell（1999）按认知、行为、回避和投入几个维度进行归类。Lazarus（2000）把应对方式归类为问题取向、情绪取向、回避三类。西方文化更认同、更尊崇问题解决取向的应对而不是情绪取向的应对。Lazarus 和 Folkman（1984）根据应对的作用，把应对分为问题取向的应对（problem-focused coping）和情绪取向的应对（emotion-focused coping）。陈树林、李凌江、骆宏等（2004）根据这一理论框架修订了《成年人应对方式量表》。另一种观点是根据应对的结果，把应对分为积极应对和消极应对，编制相应的应对方式量表（姜乾金，黄丽等，1993；解亚宁，1998）。尽管这些量表或问卷在心理测量学方面的指标较好，而且研究者以客位身份力图排除文化的影响，但实质是，应对的经验和理论建构都深深地扎根在文化的土壤之上。因此，这些量表或问卷的理论架构都存在一个文化契合性问题。Lam 和 Zane（2004）发现，虽然应对压力这一行为是每个人都会有的经验，但是不同文化的应对行为有不同的应对目标、应对方式和不同的应对结果，应对深受文化影响。正因为如此，文化成为应对研究中的一个重要因素（汪新建，史梦薇，2013）。

每个人都浸濡于其所生活着的社会文化之中，而每一种文化形态均具有文化的普遍性（etic）和特殊性（emic）。东西方的应对方式必然受其文化属性的影响而反映出其特殊性和普遍性；因而片面强调或偏向应对的某一文化属性显然难以完整反映出应对的内涵。应对具有文化属性，研究中国人的应对要考虑中国社会历史文化对应对方式产生的影响（罗鸣春，黄希庭，苏丹，2010）。既然应对受到文化的影响，那么中国人的应对必然会表现出与中国文化紧密相关的文化特色。应对研究有两种取向：一是以西方心理学的应对理论来研究中国人的应对；二是从中国文化的实际出发构建理论基础来研究中国人的应对（景怀斌，2006）。前者是以外来研究者视角为基础的客位研究，后者是从本土文化出发的主位研究（汪新建，史梦薇，2013）。景怀斌（2006）在分析儒家应对的内容和特征基础上，编制了儒家式应对问卷。

中庸思想是儒家文化的典型特征，中庸应对是带有儒家文化特色的应对方式。中庸应对强调面对压力和挫折时，既要积极寻求应对解决之道，而当问题无法立即解决时，也要学会隐忍和等待，但这不是自暴自弃的发泄和放弃希望；而是审时度势、韬光养晦的中庸应对。本研究继承已有研究的积极应对、消极应对（姜乾金，黄丽等，1993；解亚宁，1998）以及问题取向、情绪取向（陈树林，李凌江，骆宏等，2004）的应对思想，保持原来应对量表中问题解决、求助、发泄、回避、幻想、忍耐6个维度（肖计划，许秀峰，1996；黄希庭，余华，郑涌等，2000），新增加中庸应对维度以反映中国本土文化特性对应对的影响，对原应对方式量表进行修订。

二　研究方法

（一）题项的甄选与编制

参考已有应对方式量表（黄希庭，余华，郑涌等，2000；陈树林，郑全全，潘建男等，2000；施承孙，董燕，侯玉波等，2002）的条目，加入中庸应对题项，每个维度优选或编制 8 个初始题项，形成民族成人应对方式量表（The Coping-Style Scale for Ethnic Adult，CSS－EA）的初始题库（56 个题项）。之后请 5 位心理健康专家对量表题项进行专家评议，根据评议结果对部分题项进行修改、合并和删减，编制出 40 个题项的初测量表。

（二）调查方法与调查对象

调查方法 选取熟练掌握汉语和本民族语言的“双语”少数民族大学生作为调查员，由研究者统一组织培训，规范调查程序和方法；培训考核合格后作为调查员，利用寒暑假社会实践的机会，在学生自己居住的村社进行入户式问卷调查。调查对象为边疆民族地区年满 18 周岁及以上的民族居民，他们依据问卷的条目进行独立的自我评定，调查员现场核对后收回。外出务工人员在春节返乡过年时施测。如遇文化程度低和不识字的被调查者，则由调查员将题项内容和反应选项转译为本民族方言告知被调查者，调查员按被调查人的真实意愿代为填写，经与被调查人核对一致后现场收回。测试前征得被调查者知情同意，测试后致谢。

调查对象 初测采用方便取样，在云南省某地州发放问卷 300 份，收回 296 份（回收率 98.67%）。剔除基本数据不全和数据缺失超过 5% 的问卷，得到有效问卷 288 份，作为探索性因素分析（EFA）样本。样本年龄 18～71 岁，平均年龄 33.09±11.70 岁，详见表 1。正式施测在云南省 8 个民族自治州发放问卷 2000 份，收回 1796 份（回收率 89.80%）。剔除数据缺失超过 5% 的问卷，得到有效问卷 1758 份（有效率 97.88%），作为验证性因素分析（CFA）样本。调查兼顾性别、年龄、民族、居住地、职业、收入水平、婚姻状况、文化程度、宗教信仰等人口社会学特征方便抽样，以保证样本有一定的代表性。样本年龄 18～81 岁，平均年龄 32.11±11.70 岁；详见表 1。

表 1 EFA 和 CFA 样本的人口社会学资料统计

单位：人

分层类别	样本描述								
性别	男	女	样本量						
EFA	147	141	288						
CFA	876	882	1758						

续表

分层类别	样本描述								
年龄段	18 – 35	36 – 49	50 – 65	65 以上	未填	平均年龄：岁			
EFA	180	87	14	7	0	33.09 ± 11.70			
CFA	1169	464	100	24	1	32.11 ± 11.70			
民族	汉族	彝族	白族	纳西族	傣族	哈尼族	藏族	其他	未填
EFA	186	82	5	0	2	4	0	9	0
CFA	664	324	201	48	141	68	58	252	2
居住地	农村	乡镇	城市						
EFA	147	41	100						
CFA	1006	324	428						
宗教信仰	不信教	信教	佛教	道教	伊斯兰教	本族教	其他	未填	
EFA	201	87	64	2	6	6	9	0	
CFA	1002	751	440	30	52	168	61	5	
职业	企业	政府事业	个体	待业	务农	打工	退休	失劳力	未填
EFA	39	39	40	27	77	50	11	4	3
CFA	192	201	230	213	568	271	42	18	23
婚姻状况	未婚	已婚	分居	离婚	丧偶	同居	未填		
EFA	99	160	3	11	6	6	3		
CFA	622	1007	28	40	31	24	6		
文化程度	不识字	小学	初中	高中	大学	研究生	未填		
EFA	16	47	74	72	75	4	0		
CFA	117	324	489	366	445	13	4		
月收入：元	<500	500 – 1000	1001 – 3000	3001 – 6000	>6000	未填			
EFA	22	62	140	55	6	3			
CFA	224	530	658	255	82	9			

（三）研究工具

应对方式量表采用黄希庭、余华、郑涌等（2000）编制的中学生应对方式量表，包括问题解决、求助、发泄、回避、幻想、忍耐六个维度。本文继承和保留了六因子名称和大部分的题项。

儒家式应对问卷包括挫折内在乐观性、“命”认识、人的责任性、挫折作用评价 4 个因素（景怀斌，2006）。本研究意在探讨中国的文化传统对应对方式的影响，故以景怀斌的儒家式应对问卷作为外在效标。

（四）数据处理

应用 EpiData3.1 软件录入数据；应用 SPSS17.0 统计和探索性因素分析；应用 AMOS5.0 验证性因素分析。

三　研究结果

（一）CSS - EA 的项目分析

对初测问卷进行项目分析，以区分度和鉴别力筛选题目。按总量表分高低排序，取上下各 27% 的受试为高分组和低分组，对两组各题项得分作 t 检验。结果，高分组与低分组各题项得分差异显著（$p < 0.001$），表明 CSS - EA 题项具有良好的区分度。以各题项分数与其分量表总分的积差相关系数为鉴别力指标。结果，鉴别力高（D ≥ 0.3）的 30 题，良好（0.2 ≤ D < 0.3）6 题；删除鉴别力低（D < 0.2）的 4 个题项，最终保留 36 个题项。

（二）CSS - EA 的结构探索

利用探索性因素分析（EFA）确定 CSS - EA 的维度结构。对 288 份初测数据作 KMO 检验和 Bartlett 球形检验以考察对问卷进行因素分析的适切性。结果，KMO = 0.910，大于 0.9，表明样本大小适合进行因素分析；Bartlett 球形检验 $\chi^2 = 3149.428$，$df = 325$，$p < 0.001$，说明变量之间有共享因素，适合进行因素分析。用主成分分析法（PCA）确定因子的初始负荷矩阵；再用正交旋转法求出旋转后的因子负荷矩阵。题项筛选标准：（1）删除因素负荷 < 0.40 的题项。（2）删除共同度 < 0.30 的题项。（3）删除在两个或两个以上因素上存在明显的交叉负荷（ > 0.15）的题项（毕重增，黄希庭，2009）。确定因子数目的依据：（1）因子的特征值（eigenvalue）> 1（Kaiser，1960）；（2）因子数目符合 Cattlell（1966）所倡导的特征图形（碎石图）的陡阶检验（scree test）标准；（3）因子在理论上具有可解释性，抽出的因子在旋转前至少能够解释 3% 的变异；（4）每一个因子至少包括 3 个题项。根据以上条件并结合碎石图，从 36 个题项中提取 7 个公因子，累计解释方差变异量的 52.19%。因子命名参照理论模型的构想维度或因素题项的载荷值。将七因素命名为：中庸应对（特征值5.71，贡献率15.86%）、问题解决（特征值4.63，贡献率12.86%）、求助（特征值2.87，贡献率7.98%）、发泄（特征值1.68，贡献率4.67%）、回避（特征值1.53，贡献率4.25%）、幻想（特征值1.24，贡献率3.45%）、忍耐（特征值1.13，贡献率3.14%）。探索性因素分析载荷见表2。

表2 探索性因素分析

题号	因素负荷							共同度
	中庸应对	问题解决	求助	发泄	回避	幻想	忍耐	
35	0.629	0.133	-0.071	-0.215	-0.205	-0.226	-0.007	0.568
12	0.586	-0.145	0.103	-0.020	-0.014	0.116	0.053	0.491
18	0.554	0.027	0.086	0.080	0.066	0.058	0.037	0.562
24	0.539	-0.016	0.014	0.141	0.110	0.074	0.122	0.434
22	0.531	-0.060	0.163	0.149	0.130	0.010	0.146	0.496
25	0.515	-0.064	0.040	0.048	-0.087	-0.023	0.107	0.534
20	0.477	0.143	-0.080	0.103	0.107	0.147	0.062	0.432
01	0.111	0.644	0.003	-0.006	0.081	0.107	0.126	0.588
19	0.019	0.635	-0.070	0.170	0.080	-0.018	-0.142	0.560
02	-0.143	0.620	0.006	0.066	0.085	0.143	0.138	0.569
36	0.147	0.576	0.144	0.118	0.136	0.144	0.148	0.520
03	0.080	0.575	-0.003	0.090	0.102	0.145	0.154	0.523
05	0.064	0.567	0.040	0.048	-0.087	0.142	-0.023	0.444
07	-0.021	0.539	-0.020	0.148	0.029	0.017	0.095	0.470
09	0.145	0.002	0.667	0.061	0.149	0.138	-0.137	0.482
10	0.045	-0.005	0.656	0.032	0.109	-0.027	0.104	0.574
13	0.134	0.022	0.654	0.025	0.032	0.138	-0.041	0.452
11	0.131	0.000	0.606	0.072	0.096	0.054	0.135	0.485
14	-0.139	0.147	0.508	0.060	0.139	0.026	-0.058	0.451
28	-0.084	0.142	-0.04	0.665	0.065	-0.101	0.025	0.523
08	o.137	0.038	0.072	0.637	0.118	-0.057	-0.032	0.518
17	0.065	0.019	0.000	0.605	-0.055	0.074	0.140	0.465
16	-0.094	0.102	-0.006	0.561	0.052	0.144	0.078	0.454
15	0.148	-0.103	0.089	0.531	-0.069	0.134	0.103	0.468

续表

题号	因素负荷							共同度
	中庸应对	问题解决	求助	发泄	回避	幻想	忍耐	
29	-0.101	0.143	-0.118	0.077	0.613	-0.14	-0.071	0.523
27	-0.037	0.019	0.134	-0.089	0.569	-0.087	0.147	0.469
31	0.076	0.112	-0.124	0.079	0.545	0.086	-0.123	0.484
26	0.089	0.133	0.010	0.055	0.540	0.127	0.134	0.476
33	0.011	0.141	0.121	-0.025	0.038	0.638	-0.041	0.485
21	-0.131	0.081	-0.003	0.082	0.108	0.629	0.082	0.492
30	0.143	-0.080	-0.103	0.079	0.147	0.533	-0.143	0.470
04	0.142	0.148	0.136	0.127	-0.003	0.521	0.083	0.463
34	0.003	0.081	0.134	-0.093	-0.134	0.150	0.640	0.492
23	-0.139	0.131	0.048	0.058	0.146	0.133	0.621	0.454
32	-0.085	0.139	0.134	-0.026	-0.004	0.134	0.533	0.486
06	-0.021	0.129	0.120	0.102	-0.014	0.133	0.495	0.454
特征值	5.71	4.63	2.87	1.68	1.53	1.24	1.13	
贡献率	15.86%	12.86%	7.98%	4.67%	4.25%	3.45%	3.14%	

（三）验证性因素分析

Anderson（1988）建议通过探索性分析建立模型，再用验证性分析去检验模型。采用交叉证实程序以保证量表所测量特质的确定性、稳定性和可靠性（黄希庭，余华，2002）。验证性因素分析能让研究者定义一个先验的假设结构模型，考察模型与数据的拟合程度（Kit - TaiHau，1995）。对1758份实测数据采用验证性因素分析（CFA）的严格检验策略（吴明隆，2010），检验CSS - EA的七因素模型与实测数据拟合情况（见表3）。

表3　CSS - EA各维度和总量表的验证性因素分析结果（七因素模型）（N = 1758）

项目	χ^2/df	NFI	GFI	IFI	CFI	RMSEA
中庸应对	1.382	0.990	0.998	0.997	0.997	0.015
问题解决	4.107	0.985	0.995	0.988	0.988	0.042
求助	6.146	0.971	0.996	0.976	0.976	0.054
发泄	1.615	0.997	0.999	0.999	0.999	0.019

续表

项目	χ^2/df	NFI	GFI	IFI	CFI	RMSEA
回避	14.236	0.962	0.996	0.964	0.964	0.087
幻想	1.492	0.995	0.999	0.998	0.998	0.017
忍耐	12.685	0.958	0.996	0.961	0.960	0.082
问卷总体	5.690	0.994	0.997	0.995	0.995	0.052

七因素拟合值 RMSEA 为 0.082 ~ 0.015，中庸应对、问题解决、幻想维度拟合良好，回避、忍耐二维度拟合不太理想；总量表拟合度 RMSEA = 0.052，虽未达到小于 0.05 的理想标准，但明显小于温忠麟、侯杰泰、马什赫伯特（2004）建议的 0.08 的界值，$\chi 2/df = 5.69$，NFI、GFI、IFI、CFI 均 >0.90，表明数据与模型拟合值均在可接受范围。

（四）CSS – EA 的测量学特性

1. 信度

CSS – EA 的 7 维度及量表整体的内部一致性信度（Cronbach's a）为 0.62 ~ 0.73；分半信度为 0.52 ~ 0.75；总量表的内部一致性信度为 0.83，分半信度为 0.75。利用重测信度考察 CSS – EA 的稳定性。随机选取被试 116 人，间隔 4 周后重测，7 个分量表的重测信度为 0.63 ~ 0.75，总量表的重测信度为 0.76。所有信度系数均达到显著水平（见表 4）。

表 4 CSS – EA 的信度指标（N = 1758）

因素	Cronbach's α	分半信度	重测信度
中庸应对	0.68	0.65***	0.69***
问题解决	0.73	0.66***	0.73***
求助	0.65	0.61***	0.69***
发泄	0.73	0.75***	0.75***
回避	0.63	0.52***	0.66***
幻想	0.62	0.62***	0.63***
忍耐	0.63	0.55***	0.63***
总量表	0.83	0.75***	0.76***

注：* 表示 $p < 0.05$；** 表示 $p < 0.01$；*** 表示 $p < 0.001$；以下同。

2. 效度

以内容效度、结构效度和效标效度来考察 CSS – EA 的效度指标。

内容效度反映量表是否涵盖了它所要测量的应对方式构念的各个层面。CSS – EA 的题项是在“自上而下”的理论建构和“自下而上”的、深入细致的调查形成理论假设基础上编制的，同时研究者对比参考了国内外主要的应对方式相关文献和量表。量表条目依据多方意见反复多次论证修改和筛选，以此保证 CSS – EA 的内容效度。

结构效度用收敛效度和区别效度来反映（荣泰生，2009）。题项和因素之间的相关系数可用来判断收敛效度和区别效度：如果各维度与总量表的相关超过各维度间的相关，说明量表的结构效度良好。CSS – EA 问卷总体与 7 维度的相关比维度间的相关高，为 0.54 ~ 0.76（见表 5），均达到显著相关水平，表明 CSS – EA 具有良好的收敛效度和区别效度。

表 5　CSS – EA 总体与 7 维度之间的相关矩阵和效标效度（N = 1758）

因素	中庸应对	问题解决	求助	发泄	回避	幻想	忍耐	效标效度
中庸应对	1.00							0.49***
问题解决	0.63***	1.00						0.19***
求助	0.33***	0.30***	1.00					0.25***
发泄	0.10***	–0.07**	0.28***	1.00				–0.09**
回避	0.24***	0.02	0.26***	0.50***	1.00			0.21***
幻想	0.39***	0.25***	0.23***	0.15***	0.32***	1.00		0.32***
忍耐	0.35***	0.17***	0.21***	0.24***	0.37***	0.40***	1.00	0.19***
总量表	0.76***	0.62***	0.61***	0.54***	0.58***	0.59***	0.58***	0.39***

因素分析的因素载荷量也可以用来判断收敛效度和区别效度（荣泰生，2009）：CSS – EA 题项聚合为公因子时，同一公因子下因素负荷量大于 0.5 的题项聚合在一起，使得该题项在所属公因子下因素负荷高，在其他公因子下因素负荷低，以此保证量表构建具有良好的收敛效度和区别效度。CSS – EA 的探索性和验证性因素分析结果交叉检验了量表的结构效度。

采用景怀斌（2006）的儒家应对方式量表得分作为效标，判断 CSS – EA 的效标效度。中庸应对分量表与效标显著正相关（$r = 0.49$，$p < 0.001$）、CSS – EA 总均分与效标显著正相关（$r = 0.39$，$p < 0.001$）（见表 5）。

3. 实用性

一个好的测量工具在满足信度和效度要求的同时，也应该具有经济性、方便性和可解释性。CSS－EA 共 36 个题项，测验时间 6～10 分钟，既可团体施测，也可以单独施测，具有施测的方便性和经济性；量表的 7 因素结构清晰，可解释性强，满足大规模施测的实用性要求。

（五）民族居民应对方式及特点

边疆民族成人使用频率最高的是问题解决取向（3.39±0.63 分）的应对方式，其次为中庸应对（3.17±0.60 分）、幻想（3.12±0.62 分）、忍耐（2.96±0.61 分）；较少采用求助（2.83±0.63 分）、回避（2.49±0.68 分）；最少用发泄（2.15±0.77 分）。男性在问题解决、中庸应对、回避、发泄、应对总均分上得分高于女性；女性在求助、幻想、忍耐维度上得分高于男性，性别差异在五个维度和应对总均分上达到统计显著性（见表 6）。

表 6　边疆民族成人应对方式得分情况（N＝1758）

指标	样本（N＝1758）	男（n＝876）	女（n＝882）	t 值	p 值（双侧）	效应量 Cohen's d
中庸应对	3.17±0.60	3.24±0.60	3.11±0.60	4.313	0.000	0.22
问题解决	3.39±0.63	3.44±0.63	3.35±0.62	2.979	0.003	0.14
求助	2.83±0.63	2.79±0.63	2.87±0.63	－2.752	0.006	－0.13
发泄	2.15±0.77	2.21±0.79	2.11±0.74	2.814	0.005	0.13
回避	2.49±0.68	2.56±0.68	2.42±0.67	4.263	0.000	0.21
幻想	3.12±0.62	3.06±0.63	3.18±0.60	－4.154	0.000	－0.20
忍耐	2.96±0.61	2.94±0.62	2.98±0.61	－1.466	0.143	－0.07
应对方式	2.92±0.40	2.94±0.40	2.90±0.39	2.175	0.030	0.10

四　讨论与分析

（一）CSS－EA 理论与结构的合理性和有效性

CSS－EA 修订参考了国内外应对方式的相关文献和量表，以文化属性影响应对方式为切入点，继承已有应对研究成果，增加中庸应对的内容和题项，形成 CSS - EA 的初测题项。然后用项目分析方法筛选题目；探索性因素分析确定量表结构；验证性因素分析检验量表的结构与实测数据的拟合程度；最终构建出 CSS - EA 七因素模型。构建量表的程序符合心理测量学规范；探索性因素分析、验证性因素分析及信度、效度检验，从不同角度支持了 CSS - EA 的七因素模型的合理性和有效性。中庸思想是中国本土文化的重要特征，中庸应对强调韬光养晦和审时度势。韬光养晦用“借机修身养性、暗中积蓄实力；暂且接受再慢慢化解；边接受困难考验边研究克服困难的方法；把困难当作磨炼自己能力和意志的机会”四个题目来测度。审时度势则用“静观其变、以不变应万变；做其他事情来弥补损失（堤内损失堤外补）；等待时机以图东山再起”三个题目来评价。

（二）CSS - EA 的结构与中国的历史文化传统高度契合

边疆民族成人采用频率最高的是问题解决取向的应对方式；如果问题无法立即解决，则会采用中庸应对、幻想、忍耐等方式；较少采用求助、回避方式；直接发泄的方式采用最少。这与国内已有研究结果相一致（罗鸣春，邓梅，高俊，2014）。男性在问题解决、中庸应对、回避、发泄、应对总均分上得分高于女性；女性在求助、幻想、忍耐维度上得分高于男性。反映出男女两性在应对的内容、方式和结果均受儒家文化属性的影响。CSS - EA 的题项和结构体系与中国历史文化传统高度契合。从应对的内容看，边疆民族成人的应对既注重“合情”，也注重“合理”，强调“合情合理”，是应对的“情绪取向”和“问题取向”的兼顾和辩证统一（罗鸣春，黄希庭，苏丹，2010）。从应对方式看，中庸应对既包含积极的问题解决取向，也包括消极的回避和隐忍成分；更包含审时度势、韬光养晦的中国文化应对智慧。从应对的结果看，西方心理学把压力视为异己的、消极的因素，强调通过应对消除由压力导致的痛苦感或紧张感；而中庸应对将压力和困苦事件视为促进个人成长的资源和机遇，从积极角度重新诠释个体遇到的挫折和困境，消解了压力原本的消极意义，使个体在心理上接受、而不是排斥困苦事件；从而化解了个体因挫折等困苦事件产生的心理冲突和压力感，也减轻了沮丧、压抑等身心反应。同时，中庸应对一方面认为挫折是暂时的，另一方面对将来持乐观态度，这也起到了维护心理健康的作用（景怀斌，2006）。从认知评价方式看，西方从挫折中发现意义是为了消除由挫折等消极生活事件带来的心理痛苦感；而中庸应对非但不将其视为引发痛苦的消极刺激，反而将其视为促进个人成长的动力和机遇；这使个体既维护了心理健康，又促进了自身发展。这是一种积极的应对方式，也是一种有效的压力管理策略（潘伟刚、黄希庭、鲁小周，2010）。

五　结论

在文献综述、理论构建、问卷预调查、实测信度和效度检验基础上修订的民族成人应对方式量表，包括 36 个题项，中庸应对、问题解决、求助、发泄、回避、幻想、忍耐 7 个维度。CSS – EA 的结构与数据拟合较好；信度、效度符合心理测量学要求，量表的结构和题项融合了东西方文化特质，中庸应对与中国传统文化的中庸思想相契合，可供民族成人应对研究之用。

参考文献

陈树林，李淩江，骆宏，等．(2004)．成年人应对方式量表的初步编制．*中国临床心理学杂志，12*（2），123 – 125.

陈树林，郑全全，潘建男，等．(2000)．中学生应对方式量表的初步编制．*中国临床心理学杂志，8*（4），211 – 214，237.

毕重增，黄希庭．(2009)．青年学生自信问卷的编制．*心理学报，41*（5），444 – 453.

谷佩，邸玉玲，任彩萍，等．(2015)．儒家应对方式与中学生焦虑的关系．*中国健康心理学，23*（9），1367 – 1370.

黄希庭，余华，郑涌，等．(2000)．中学生应对方式的初步研究．*心理科学，23*（1），1 – 5.

黄希庭，余华．(2002)．青少年自我价值感量表构念效度的验证性因素分析．*心理学报，34*（5），511 – 516.

姜乾金，黄丽，等．(1993)．心理应激：应付的分类与心身健康．*中国心理卫生杂，7*（4），145 – 147.

解亚宁．(1998)．简易应对方式量表信度和效度的初步研究．*中国临床心理学杂志，6*（2），114 – 115.

景怀斌．(2006)．儒家式应对思想及其对心理健康的影响．*心理学报，38*（1），126 – 134.

罗鸣春，邓梅，高俊，付粉杰，高媛．（2014）．云南民族居民应对方式与心理和谐关系．*中国卫生统计，31*（1），155－157.

罗鸣春，黄希庭，苏丹．（2010）．儒家文化对当前中国心理健康服务实践的影响．*心理科学进展，18*（9），1481－1488.

潘伟刚，黄希庭，鲁小周．（2010）．消极生活事件的积极效应：意义发现．*西南大学学报（社会科学版），36*（2），8－13.

荣泰生．（2009）．*AMOS 与研究方法*．重庆：重庆大学出版社．

施承孙，董燕，侯玉波，等．（2002）．应付方式量表的初步编制．*心理学报，34*（4），414－420.

汪新建，史梦薇．（2013）．中国人压力应对研究：基于主位与客位的视角．*心理科学进展，21*（7），1239－1247.

温忠麟，侯杰泰，马什赫伯特．（2004）．结构方程模型检验：拟合指数与卡方准则．*心理学报，36*（2），186－194.

吴明隆．（2010）．结构方程模型——*AMOS 的操作与应用（第2 版）*．重庆：重庆大学出版社．

肖计划，许秀峰．（1996）．"应付方式问卷"效度与信度研究．*中国心理卫生杂志，10*（4），164－168.

中科院心理和谐研究项目组．（2008）．中国民众心理和谐状况研究．*中国科学院院刊，23*（2），168－174.

Anderson, J. C., Gerbin, D. W. (1988). Structural equation modeling in practice: A review and recommended two-step approach. *Psychological Bulletin*, *103*, 411－423.

Cattell, R. B. (1966). The scree test for the number of factors. *Multivariate Behavioral Research*, (1), 245－276.

Gunthert K. C. G., Armeli S., Cohen L. H. (1999). The role of neuroticism in daily stress and coping. *Journal of Personality and Social Psychology*, *77* (5), 1087－1100.

Kaiser, H. F. (1960). The application of electronic computers to factor analysis. *Educational and Psychological Measurement*, *20*, 141－151.

Kit-TaiHau. (1995). Confirmatory factor analyses of seven Locus of control measures. *Journal of Personality Assessment*, *65* (1), 117－132.

Lam, A. G., & Zane, N. (2004). Ethnic differences in coping with interpersonal stressors: A test of self-construals as cultural mediators. *Journal of Cross-Cultural Psychology*, *35* (4), 446－459.

Lazarus R. S. (1993). Coping theory and research: Past, present, and future. *Psychosomatic Medicine*, *55* (3), 234－247.

Lazarus R. S. (2000). Toward better research on stress and coping. *American Psychologist*, *55* (6), 665 - 673.

Lazarus, R. S., & Folkman, S. (1984). *Stress*, *Appraisal*, *and Coping*. New York: Springer Publishing.

Parker J. D. A., Endler N. S. (1996). Coping and Defense: A historical over view. In: Zeider M, Endler N S (Eds). *Handbook of Coping*. New York: John Wiler & Sons Inc.

Parkinson B., Totterlell P. (1999). Classifying affect regulation strategies. *Cognition and Emotion*, *13* (3), 277 - 303.

Stone A., Neal J. (1984). New measure of daily coping: development and preliminary results. *Journal of Personality and Social Psychology*, *46* (4), 892 - 906.

Revised of the Coping-Style Scale for Ethnic Adults

Luo Mingchun, Gao Jun, Li Gongyu, Chang Jing
(School of Education, Yunnan Minzu University,
Kunming, 650500, China)

Abstract: This paper aims to revise the Cope-Style Scales for Ethnic Adult (CSS - EA), and tests validity and reliability of CSS - EA for ethnic adults in borderland. Literature review and expert inquiries were adopted to revise the scale of CSS - EA, then the items of Zhong-yong coping were added, especially. . 288 subjects were recruited for exploratory factor analysis (EFA), and 7 - components was extracted, including Zhong-yong coping, problem solving oriented, seeking help, catharsis, avoidance-oriented, illusion and patience. To test reliability and validity of CSS - EA, 1758 subjects were recruited for confirmatory factor analysis (CFA). The CFA revealed that measurement model fit the data well, indicating thatthe CSS - EA had good criterion validity and reliability. In conclusion, the CSS - EA fitted the ethnic adult well and were qualified enough for relevant research and applications.

Keywords：Coping-Styles；Zhong-Yong Coping；The Coping-Style Scale for Ethnic Adult（CSS－EA）；Validity；Reliability

附　民族成人应对方式量表

（The Coping-Style Scale for Ethnic Adults，CSS－EA）

指导语：每个人在生活中都会遇到烦恼或挫折。当您在生活或者工作学习中遇到烦恼或挫折时，您是如何处理的？下面的每一种处理方式后面有5个选项：1 = 从不使用；2 = 很少使用；3 = 偶尔使用；4 = 经常使用；5 = 始终使用。请在符合您惯常的处理方式的选项代码上打√。

01. 从自己经历的挫折中吸取经验教训
02. 自己想方设法解除烦恼
03. 借鉴他人处理类似困难的经验和方法
04. 幻想可能会发生某种奇迹改变现状
05. 仔细、全面地分析所遇到的问题
06. 为自己的烦恼找一个恰当的理由
07. 根据现状重新调整自己的计划
08. 通过毁坏物品来发泄
09. 寻求社会机构帮助
10. 请求家人或者亲戚朋友帮助
11. 向有相似经历的人求教
12. 边接受困难考验边研究克服困难的方法
13. 主动与人倾诉内心烦恼
14. 等待别人来给自己解除困扰
15. 通过激烈运动或者活动消耗体力求得发泄
16. 向引起困扰的人或事发脾气
17. 通过惩罚自己来发泄不满
18. 把困难当作磨炼自己能力和意志的机会
19. 制订出解决问题的计划并努力按计划去做
20. 做其他事情来弥补损失（堤内损失堤外补）

21. 尽量去想让自己愉快的事情
22. 静观其变，以不变应万变
23. 抱怨自己，自己生闷气
24. 暂且接受再慢慢化解
25. 借机修身养性，暗中积蓄实力
26. 试图休息或休假，暂时把烦恼抛在一边
27. 通过吸烟、喝酒、服药或吃东西来转移注意力
28. 向不相干的人或物品发火
29. 听之任之不去管它
30. 自己安慰自己，一切都会好起来的
31. 只当什么事情也没有发生过
32. 尽量克制自己的失望、悔恨、悲伤和愤怒
33. 相信时间会改变一切，唯一要做的就是等待
34. 默默忍受心中的烦恼
35. 等待时机以图东山再起
36. 动用所有资源来解决困扰

社区工作人员心理

社区心理健康服务人员胜任特征研究综述

张爱莲[*]

（山东理工大学教育与心理研究所）

黄希庭

（西南大学心理学部）

摘　要　社区心理健康服务人员胜任特征是指有效开展社区心理健康服务所需的知识、技能、态度以及个人特质等的组合。文章从社区心理健康服务人员胜任特征研究方法、社区心理健康服务人员胜任特征的构成、有关社区心理健康服务人员胜任特征的实证研究三个方面进行了介绍，并对未来研究提出了展望。

关键词　社区心理健康服务　社区心理健康服务人员　胜任特征

社区是人们日常生活的基本场所，它既是心理问题产生的源头之一，也是增进心理健康的重要平台。社区心理健康服务是社区服务活动的重要组成部分，是在社区服务工作中，运用心理学理论和方法，通过开展形式多样的心理健康教育活动，以及为需要心理咨询或治疗的社区居民提供专业的心理服务，从而达到维护与促进社区居民心理健康的目的（何华敏，胡春梅，胡媛艳，2015）。在社区中推进心理健康事业，是我国今后社区卫生和心理服务工作的发展方向（李雅妮，吴均林，孙娜云等，2011）。

从国内外社区心理健康服务的模式来看，目前主要存在非卫生系统主办和卫生系统主办的两种模式。前者是以社区为单位，由地方行政部门建立专门的心理健康服务机构；后者则是在卫生系统原有的社区卫生服务体

---

*　通讯作者：张爱莲，副教授，E－mail：zalbell928@163.com。

系中加入心理咨询、心理治疗等服务内容（王萍，张辉，张斌等，2015）。无论是何种模式，提供社区心理健康服务的方式主要包括心理健康宣传和教育、心理咨询与治疗、心理健康筛查及团体辅导等（汪依帆，2014）。

社区心理健康服务能否有效开展，有赖于高素质的社区心理工作队伍。调查显示，当前我国社区心理健康服务人员专业培训不足，有不少社区心理服务人员从未参加过正规的专业培训（李雅妮，吴均林，孙娜云等，2011）。为了更好地明确心理健康服务人员培训的具体目标，国内外许多研究者都在致力于心理健康服务人员胜任特征的研究。那么，作为社区心理健康服务人员，应该具备哪些胜任特征？研究社区心理健康服务人员胜任特征的方法主要有哪些？有关社区心理健康服务人员胜任特征的实证研究已取得哪些成果？我们将对社区心理健康服务人员胜任特征研究的相关问题进行简要介绍，以期帮助更多研究者在已有研究基础上，对这一课题进行更加细致深入的探究，从而为提升社区心理健康服务人员的胜任水平提供参考。

一 社区心理健康服务人员胜任特征的界定

对于胜任特征的界定，在人力资源开发领域，研究者较多倾向于接受Spencer（1993）提出的定义，认为胜任特征是指能够将工作中表现优秀和表现一般者区分开的个人潜在的和深层次的特征，包括知识、技能、特质、动机、自我形象、社会角色等。

在心理健康服务领域，Hoge等（2005）基于文献和实践经验，提出了胜任特征的定义及其四个构成要素。他们认为，胜任特征是有效业绩所需的可测量的能力，由知识（knowledge）、技能（skill）、才干（ability）与个人特征（personal characteristic）组成。由于知识与技能最容易通过培训得以发展，因此知识和技能可以被看作是胜任特征的表层。才干则比技能更为复杂，而且由于才干在很大程度上具有天赋的成分，所以要发展起来更加困难与费时。个人特征则包括性格特质、态度、价值观以及与这些特征有关的行为。胜任特征的这些构成要素的不同主要体现在以下几个方面：天生的与习得的、简单的与复杂的、生理的或认知的、人格的或情绪的。Hoge等（2005）认为，为了使大多数胜任特征能够实际用于交流、人员选拔、培训和评价，应该把胜任特征界定为知识、技能、才干与个人特征的群集。

参照已有观点，我们倾向于将社区心理健康服务人员胜任特征界定为有效开展社区心理健康服务所需知识、技能、态度以及个人特质等的组合。

近年来，心理健康服务领域的研究者在关注确认心理健康从业人员的核心胜任特征（core competencies），即所有心理健康服务提供者都应具备的胜任特征（Kaslow, Borden, Collins et al., 2004）。与此相对应的是特殊胜任特征（specific competencies），即某些具体的实践领域或情境所需的胜任特征，如开展儿童心理辅导、婚恋咨询、成瘾咨询、危机干预等所需的特殊胜任特征。而实际上核心胜任特征与特殊胜任特征也是相对而言的，比如对于社区心理健康服务人员而言，既需要在社区开展心理健康服务工作应具备的基本的也就是核心的胜任特征，也需要因工作对象、工作内容的不同而具备相应的特殊胜任特征。

二 社区心理健康服务人员胜任特征研究方法

对社区心理健康服务人员胜任特征开展研究，可借鉴不同领域对于从业人员胜任特征进行研究的方法。Marrelli 等人（2005）借鉴人力资源管理领域的已有经验，提出了心理健康服务领域研究胜任特征的几种方法，包括：焦点团体（focus groups）、结构访谈（structured interviews）、行为事件访谈（behavioral event interviews）、问卷调查、观察、工作日志（work logs）、胜任特征菜单和资料库（competency menus and databases）。针对每一种方法，他们都概括了其优缺点，并且指出，由于每一种研究方法各有利弊，因此多种方法可以相互补充，以弥补使用单一方法的不足。

从目前国内有关心理健康服务人员胜任特征的研究来看，大多只是采用了 McClelland 结合关键事件法与主题统觉测验而提出的行为事件访谈法，因为这一方法被认为是建立胜任特征模型最有效的方法（时勘，2006）。行为事件访谈（BEI）的通常做法是，对优秀的从业者进行个别访谈，了解他们在复杂或困难情境中做了什么、想到什么、说了什么、有什么感受，然后从他们的故事中推出有助于他们成功的胜任特征。然后再访谈一般的和较差的从业者，以做比较。对于心理健康服务人员，访谈者会问这样的问题："请告诉我一次您接待最具挑战性的来访者的情况"或"请举一个您在工作中必须做出困难决定的例子"。Marrelli 等人（2005）认为，行为事件访谈的优点是：（1）为一项工作的挑战性及其所需的胜任特征提供了较为深入的看法；（2）可以区分优秀从业行为所需的胜任特征与合格从业行为所需的胜任特征；（3）有助于确认通常很难定义的人际能力和管理能力；（4）访谈所获得的有效和无效行为实例，可用于胜任特征模型、案例研究、角色扮演或其他训练模拟。而行为事件访谈的缺点也不容忽视，包括：（1）既费时又费力；（2）必须要有高度训练有素的熟练访谈者，同时要有很强的分析能力和经验，以准确地推断出胜任特征；（3）不适于分析一系列工作；（4）行为事件访谈仅聚焦于当前和过去的行为，而这些行为可能与未来的需要有差异；（5）由于行为事件访谈聚焦于关键事件，因此工作中更为常规的方面可能被忽略；（6）由于所收集的资料只源于少数被访谈者，因此可能不会被人们普遍接受。

或许正是因为行为事件访谈法存在某些难以克服的不足，因此尽管这一方法在胜任特征研究中得到广泛应用，但仍然存在批评和争鸣（Cowan，1994）。另外，国内现有运用行为事件访谈法所进行的心理咨询或治疗从业人员胜任特征研究，大多采用了西方国家胜任特征研究的代表人物 Spencer（1993）编制的通用胜任特征词典。而 Spencer 的通用胜任特征词典中的某些胜任特征是与心理咨询和治疗关系不大甚至无关的（如命令、团队领导、组织承诺、组织知觉力等），同时心理咨询与治疗从业人员应具备的某些胜任特征又未被列入通用胜任特征词典（向慧，张亚林，柳娜等，2009）。这可能是目前国内一些相关研究所构建的心理咨询或治疗从业人员胜任特征模型不够理想的原因之一。

因此，在今后对社区心理健康服务人员胜任特征开展更加深入的研究时，需要考虑研究方法的适合性。就像黄希庭（2007）主张的那样，要使我国的心理学能够更好地为我国社会发展服务，必须推进中国化心理学研究，即：在研究中国人的心理和行为时不盲目套用其他国家（特别是西方）的现成概念、方法和理论，而是脚踏实地地考察我国民众所处的社会、文化、历史和其他相关背景，创造性地进行概念分析、方法设计和理论构建，从而得出符合客观实际的结论。

三 社区心理健康服务人员胜任特征的构成

由于研究方法、研究对象、研究视角等不同，已有研究所得出的心理健康服务人员胜任特征的构成存在程度不同的差异。对于社区心理健康服务人员应具备怎样的胜任特征，这些研究结果有着程度不同的参考价值。

加拿大学者 Aubry 等（2005）以社区心理健康服务人员和服务对象为参与者，确定了为精神障碍患者提供支持的社区心理健康服务人员的核心胜任特征，该研究对于其他社区心理健康服务从业人员和研究人员，均具有借鉴意义。

该研究确定的核心胜任特征分为社区心理健康服务人员“工作前所需胜任特征”和“工作中应学会的胜任特征”，这两类胜任特征又都分为“绝对必要的”和“可取的”。而这些“绝对必要的”和“可取的”胜任特征又涉及“个人特征”、“知识”和“技能”几个方面。

社区心理健康服务人员工作前所需的胜任特征中，绝对必要的个人特征包括：对人真诚；言行一致；具备常识和良好的判断力；对他人持积极乐观的看法；以友好、善良和温暖的方式待人；对个体差异保持敏感和尊重；对精神障碍患者表现出积极的态度；对服务对象采取关心和支持的态度；工作独立自主、积极主动等。绝对必要的技能包括：能够在团队中工作；采用专业的工作方法；为服务对象保密。而可取的个人特征则涉及以下人格特质：对于变化能很好地适应；表现出幽默感；表现出创造性和智慧。

社区心理健康服务人员工作后应学会的胜任特征中，绝对必要的个人特征包括：对个人的困难表现出敏感和理解；采用符合服务对象需要和愿望的工作方式。绝对必要的知识分为一般知识、对精神或心理疾病的特殊知识、关于社区和卫生资源的知识。一般知识包括：了解与提供社区支持有关的伦理标准；了解与精神障碍相关的社会问题；关于身体健康问题的知识。对精神或心理疾病的特殊知识包括：了解不同心理障碍如何影响社会功能；具备危机预防和干预方面的知识；自杀预防和干预的知识；了解如何维护心理健康。关于社区和卫生资源的知识包括：了解所在地区的保健服务；了解社区的住房、娱乐、财政、交通等相关资源。绝对必要的技能分为中间人业务技能、个人评估和规划技能、关系和咨询技能、工作实践方面的技能、支持社区生活的角色。其中，中间人业务技能包括：帮助服务对象识别、利用和受益于相关社区资源，如住房、就业培训、教育、社会援助等；帮助服务对象获得来自社区的朋友和家庭的支持；帮助服务对象了解和利用相关的医疗保健服务。个人评估和规划技能包括：帮助服务对象明确住房、财务、教育、社会支持、休闲等方面的需求和愿望；帮助服务对象设定具体目标和行动计划；帮助服务对象把计划落到实处；监督服务对象的计划落实情况，并帮助他们在必要时调整计划。关系和咨询技能包括：与服务对象保持联系；帮助精神障碍患者解决问题和应对变化；在服务对象需要时提供情感支持；对于精神障碍常见问题的咨询技能；帮助服务对象配合药物治疗；危机预案和干预技能以及自杀干预技能。工作实践方面的技能包括：时间管理技能；能够在没有监督的情况下工作等。支持社区生活的角色则体现为：帮助服务对象参与社区活动；调解服务对象和其他社区成员的冲突；帮助服务对象发展必要的技能，以便在社区生活（如烹饪、家政、预算、购物、休闲计划和时间管理）；为服务对象提供行为榜样等。而可取的个人特征为：善于管理压力。可取的知识涉及一般知识和与心理疾病相关的专业知识。一般知识包括：与精神障碍发展问题相关的知识；与精神障碍家庭问题相关的知识；与提供社区支持相关的学科知识。与心理疾病相关的专业知识包括：了解有的人存在不止一种影响社会功能的障碍，如双重诊断；关于精神药物的知识，如治疗作用和副作用；关于心理咨询理论和实践的知识；了解如何运用精神卫生立法；了解对于身体健康问题的急救知识和应急响应等。

如前所述，国内外社区心理健康服务均存在非卫生系统主办和卫生系统主办两种模式（王萍，张辉，张斌等，2015）。此处所介绍的为精神障碍患者提供支持的社区心理健康服务人员胜任特征，应该说更适合于隶属卫生系统的社区心理健康服务从业人员。

而另一项关于心理治疗核心胜任特征的研究（Sperry，2011），对卫生系统和非卫生系统所开展的社区心理健康服务，均具有参考价值。该研究所确定的核心胜任特征分为 5 个方面和 19 条具体的胜任特征，其中，“关系的建立和维护”涉及以下胜任特征：

（1）建立有效的治疗联盟；

（2）评估求助意愿和培养治疗促进因素；

（3）认识和解决阻力与矛盾；

（4）认识到治疗联盟的破裂；

（5）认识和解决移情与反移情的作用。

“干预计划”涉及的胜任特征有：

（6）进行综合评估；

（7）准确诊断；

（8）进行综合的个案概念化；

（9）制定治疗计划和预测治疗可能遇到的障碍；

（10）起草临床案例报告；

（11）撰写综合性的临床案例报告。

“干预实施”涉及的胜任特征有：

（12）确定治疗重点；

（13）保持治疗重点；

（14）改变不良认知、行为、情感和人际关系；

（15）认识和排除治疗干扰因素。

“干预评估及终止”涉及的胜任特征有：

（16）评估进展，并据此对治疗进行相应调整；

（17）评估进展和准备结束。

“文化与伦理的敏感性”涉及的胜任特征有：

（18）了解文化的形成；

（19）计划和实施干预时保持文化敏感和道德敏感。

Sperry 的这项研究所确定的胜任特征主要是心理健康服务人员在工作中应具备的知识、技能，而基本未涉及心理健康服务人员在工作前和工作中应具备的个人特质。我们认为，侧重于知识和技能的心理健康服务人员胜任特征研究，从对实践的指导意义来说，主要可供入职后的人员培训参考。而 Aubry 等（2005）涉及个人特征、知识与技能的社区心理健康服务人员胜任特征研究，无论对于入职前的人员选拔还是入职后的人员培训，其参考价值均更为全面。

四 有关社区心理健康服务人员胜任特征的实证研究

Hoge 和 Paris 等人（2005）指出，目前有关心理健康服务人员胜任特征的研究，大多数主要关注的是确认实践所必需的知识、技能、态度或个人特质，并努力把这些必备条件应用到易于考察的胜任特征领域，很少有研究关注如何运用已确认的胜任特征去评价心理健康服务领域的培训对象及从业人员。Shepherd 等人（2008）也提到，关于心理咨询实习生胜任特征的界定与测量日益受到关注，但是缺乏定量研究。Heinsman 等人（2007）指出，关于胜任特征的实证研究是滞后于相关的理论探讨的。正因为如此，在现有关于心理健康服务人员胜任特征的众多文献中，较少见到实证研究。

国内有研究者（张爱莲，2015）采用自编的“心理健康服务人员核心胜任特征问卷”，对医院、学校和其他机构心理健康服务人员的胜任特征进行了考察。其中，其他机构主要是位于社区的私立心理咨询机构。调查结果显示，三类机构的心理健康服务人员在胜任特征问卷总分上差异不显著。而在一些具体的胜任特征条目上，不同机构的心理健康服务从业人员则各有优势。比如，在“有敏锐的情感洞察力”、“能接纳来访者的不同观点与习惯”上，其他机构的从业人员平均得分显著高于医院及学校的心理健康服务人员。在另外某些具体胜任特征条目上，其他机构的从业人员也比医院或学校心理健康服务人员得分更高。分析原因，与这些私立心理咨询机构从业者大多属于专职人员有关，他们总体而言会有着更强的为来访者提供优质服务的动机。

还有一项研究（张爱莲，黄希庭，2014）考察了包括社区心理咨询从业人员在内的心理健康服务人员胜任特征与服务双方满意度的关系。结果表明，心理健康服务人员胜任特征总分与自身服务满意度、来访者满意度均呈正相关，与自身服务满意度相关达到显著水平。胜任特征高分组心理健康服务人员自身服务满意度显著高于胜任特征低分组的自身服务满意度。与心理健康服务人员自身服务满意度显著相关的胜任特征条目，多数与知识、技能有关。与来访者满意度显著相关的胜任特征条目，均为来访者能感受到的与咨询关系建立有关的条目，如“乐于帮助来访者解决心理困扰”、“能始终负责任地对待来访者”、“能设身处地地体会来访者的内心感受”。这也印证了心理咨询领域“关系比技术更重要”、“心理咨询师的温暖比专业更重要”的说法。可能正因为如此，在上述 Sperry（2011）的研究中，“关系的建立和维护”被列为心理健康服务人员胜任特征的首要方面。

五 研究展望

目前我国社区心理卫生工作大多是针对精神疾病的防治，而对于居民更为广泛的心理健康服务需求，如心理压力、心理危机、人际矛盾、青少年心理健康教育等涉及不多。近年来，面向社区居民的心理健康服务虽已起步，但服务能力还难以满足居民的需要（张雯露，吴均林，陈晶，2012）。世界卫生组织曾提出，初级医疗机构的心理健康服务人员应具备诊断和治疗能力，具有心理咨询、心理指导、危机干预、心理健康教育、提供支持和向更高级的精神卫生机构转诊的能力。当前我国社区心理健康服务人员接受的与这些能力相关的培训还很有限（张雯露，2012）。

从发达国家的经验来看，社区心理健康服务人员不仅需要具备基本的心理咨询与治疗知识和技能，还需要具备面向不同群体开展个性化服务的能力。比如英国的社区心理健康服务对象分为儿童、青少年、成年人、老年人，面向不同人群会提供不同的心理咨询服务。澳大利亚的社区心理健康服务除了面向不同年龄群体外，还有对于孕妇、新任妈妈、吸毒人员等特殊人群的个性化心理健康服务。而我国社区心理健康服务尚不具备针对不同年龄阶段或特殊人群提供全方位心理服务的能力（王萍，张辉，张斌等，2015）。

因此，为了给社区心理健康服务人员的培训、录用和管理等环节提供更加有效的参考，未来我们对于社区心理健康服务人员胜任特征的研究，既需要关注所有社区心理健康服务提供者应具备的核心胜任特征，也需要关注面向不同人群提供服务的社区心理健康服务从业人员的特殊胜任特征。所确定的社区心理健康服务人员核心胜任特征和特殊胜任特征，既要包括所需的知识、技能，也应包括所需的个人特质和态度。同时，可借鉴前述 Aubry 等人（2005）关于社区心理健康服务人员核心胜任特征的研究，将胜任特征区分为“职前具备的”和“职后学习的”、“必须的”和“可取的”。当然，在借鉴国外相关研究的经验时，需要考虑到文化差异和心理健康服务发展水平的差异，才能获得更加符合我国实际的研究结果，以更好地促进我国社区心理健康服务事业的发展。

参考文献

何华敏，胡春梅，胡媛艳．（2015）．城市社区心理健康服务体系的构建．*中国健康心理学杂志，23*，1114－1118.

黄希庭．（2007）．构建和谐社会呼唤中国化人格与社会心理学研究．*心理科学进展，15*，193－195.

李雅妮，吴均林，孙娜云，张雯露．（2011）．社区心理健康服务能力调查报告．*中国健康心理学杂志，19*，1073－1075.

时勘．（2006）．基于胜任特征模型的人力资源开发．*心理科学进展，14*，586－595.

王萍，张辉，张斌，耿雪．（2015）．国内外社区心理健康服务的比较研究．*中国医药导报，12*，151－155.

汪依帆．（2014）．*上海市社区人群心理健康服务项目评价*．硕士学位论文，上海：复旦大学．

向慧，张亚林，柳娜，陈辉．（2009）．心理治疗从业者胜任特征评价方法的可行性．*中国心理卫生杂志，23*，153－157.

张爱莲．（2015）．*谁是优秀的心理咨询师——心理健康服务人员核心胜任特征研究*．北京：中国社会科学出版社．

张爱莲，黄希庭．（2014）．心理健康服务人员胜任特征与服务满意度的关系．*心理与行为研究，12*，665－670.

张雯露．（2012）．*我国社区心理卫生服务能力研究*．硕士学位论文，武汉：华中科技大学．

张雯露，吴均林，陈晶．（2012）．中外社区心理卫生服务能力比较．*医学与社会，25*，84－86.

Aubry, T. D., Flynn, R. J., Gerber, G. & Dostaler, T. (2005). Identifying the core competencies of community support providers working with people with psychiatric disabilities. *Psychiatric Rehabilitation Journal*, *28*, 346－353.

Cowan, J. J. (1994). Barrett and Depinet versus McClelland. *American Psychologist*, *49*, 66.

Heinsman, H., De Hoogh, A. H. B., Koopman, P. L., & Van Muijen, J. J. (2007). Competencies through the eyes of psychologists: A closer look at assessing competen-

cies. International Journal of Selection and Assessment, *15*, 412 – 417.

Hoge, M. A. , Paris, M. , Adger, H. , Collins, F. L. , Finn, C. V. , Fricks, L. , et al. (2005). Workforce competencies in behavioral health: An overview. *Administration and Policy in Mental Health*, *32*, 593 – 631.

Kaslow, N. J. , Borden, K. A. , Collins, F. L. , Forrest, L. , Illfelder-Kaye, J. , Nelson, P. D. , et al. (2004). Competencies conference: Future directions in education and credentialing in professional psychology. *Journal of Clinical Psychology*, *80*, 699 – 712.

Marrelli, A. F. , Tondora, J. , & Hoge, M. A. (2005). Strategies for developing competency models. *Administration and Policy in Mental Health*, *32*, 533 – 561.

Shepherd, J. B. , Britton, P. J. , & Kress, V. E. (2008). Reliability and validity of the professional counseling performance evaluation. *Australian Journal of Guidance & Counseling*, *18*, 219 – 232.

Spencer, L. M. , & Spencer, S. M. (1993). *Competence at work: Models for superior performance.* New York: John Wiley & Sons Inc.

Sperry, L. (2011). Core competencies and competency-based Adlerian psychotherapy, *Journal of Individual Psychology*, *67*, 380 – 390.

The Competencies of Community Mental Health Service Providers

Zhang Ailian

(Institute of Education and Psychology, Shandong University of Technology, Zibo, 255049, China)

Huang Xiting

(School of Psychology, Southwest University, Chongqing, 400715, China)

Abstract: Competency of community mental health service providers is the combination of knowledge, skills, attitude and personal characteristics which are needed to effectively carry out the community mental health service. This article reviewed the research methods on competencies of community mental health service providers, the structures of competencies of community mental health service providers and empirical researches related to competencies of community mental health service providers, then prospected the future researches.

Keywords: Community Mental Health Service; Community Mental Health Service Providers; Competency

社区心理学教学

域外社区心理学课程教学综述*

李　莹　毕重增**

（西南大学心理学部）

摘　要　社区心理学关注个体与环境的关系，强调研究和行动，如何开展有效的教学是一项富有挑战性的工作。为了借鉴域外有关社区心理学课程建设的经验，本文从美国社区研究与行动学会网站教学资源区获取了有关的课程开设情况。对社区心理学相关课程的本科教学、研究生（硕士、博士）教学以及博士后项目进行了具体介绍，包括前置课程要求、课程目标、课程内容、参考书目、教学方式与教学评估等内容，以尽可能全面地反映西方社区心理学课程建设的基本情况。

关键词　社区心理学教学　社区心理学课程　域外社区心理学

社区心理学研究社区中人的心理与行为，探究个体、社区与社会交互作用的性质、结构、机制和功能，旨在促进个体、社区和社会的和谐发展，提升个体、社区和社会的生活质量（黄希庭，2015）。社区心理学是在众多相关的学科基础上形成，关注个人与其社区、社会之间的相互关系，通过社区参与及合作性研究与行动，探讨在生态、历史、文化、社会政治等不同情境中的人类行为和情境对人的影响，致力于预防、赋权、社会公正等工作，提升个体健康与幸福，改善社区状况，创建更好、更有生活品质的社区与社会。

社区心理学在许多国家（美国、加拿大、英国、澳大利亚、新西兰、埃及和葡萄牙等）和地区都有不同程度的发展（Reich，Riemer，Prillelten-

*　本文受重庆市人文社科重点研究基地重点项目（编号：14SKB007）的资助。

**　通讯作者：毕重增，教授，E－mail：beech@ swu. edu. cn。

sky, & Montero, 2007)，融入了本国或跨国区域间的文化脉络，形成了各自特色和模式（Perkins, 2009）。西方社区心理学家注重社区研究和行动的结合，关注“在复杂的交互作用过程中，连接个体行为和社会系统的心理学过程”，将自身角色定位于“参与者—理论家”，认为没有什么会比以社会问题为导向的严肃而缜密的研究更加具有实践性（Levine, Perkins, & Perkins, 2005）。社区心理学家的工作应该聚焦于一级预防（预防心理问题出现）和二级预防（在心理症状的早期阶段进行干预），而不是三级预防（对精神障碍的治疗等）（Glenwick, 1988）。为此，社区心理学家应该具备的品质，就包括如创建一种生态身份、承担风险、有效应对各种资源、包容多样性等，以在社区工作中充当项目评估者、社会政策分析者、参与研究者、某机构的负责人、咨询师、授权者、计划评估者等角色（Kelly, 1971；贾林祥，拾硕，2015）。社区心理学家成熟的培训模式，使该学科同社区心理卫生领域分离，真正走向学科的独立和特色化发展（Dalton, Elias, & Wandersman, 2007），其专业分会“社区研究与行动学会”（The Society for Community Research and Action, SCRA）更加重视多学科合作的行动研究（金庆英，2010）。

社区心理学在国外主要心理学教学和研究单位亦具有很高的普及率。例如，在 QS（Quacquarelli Symonds）心理学专业排名的前 50 院校中，开设有社区心理学相关课程的院校有 24 所。其中，加州大学洛杉矶分校开设社区心理学相关课程最多、最完整，有 15 门，形成了从理论到方法、从政策到行动、从宏观到微观、从课堂到社区的系统体系。在这些院校中，社区心理学还扩展到了心理学有关的学科分支，例如医学院、人类学系以及相关的研究中心等。

相对于国外社区心理学的成熟发展，我国社区心理学的研究和发展相对滞后，处于起步阶段（杨莉萍，珀金斯，2012），2014 年才第一次召开名为“建设中国社区心理学，服务经济社会发展”社区心理学专题研讨会。虽然起步晚，但社区心理学在组织建设、学术活动、教材与相关书籍出版方面的进展迅速。为了借鉴域外社区心理学相关课程的教学，本文对域外社区心理学课程开设情况进行了总结。对 SCRA 网站（www. scra27. org）推荐的社区心理学相关课程开设情况，分本科、研究生（硕士、博士）以及博士后项目进行了介绍以尽可能全面反映西方社区心理学教育情况，服务于我国社区心理学的教学建设。

一　社区研究与行动学会介绍的本科课程

社区研究与行动学会网站教学资源区开设本科社区心理学相关课程的院校23所，其中美国18所、澳大利亚2所、加拿大2所以及德国1所，共开设32门相关课程。这些课程大致可分为两类，导论类课程和专题类课程，以下分别介绍这两类课程的前置课程要求、课程目标、课程内容、参考书目、教学方式与教学评估。

（一）导论类课程

社区心理学导论类课程共开设18门，占总开设课程的56.25%。其中，13个系科直接以“社区心理学”为名称开设课程，占总开设课程的40.63%；其次是以“社区心理学导论”为名称开设课程，共有5个系科，占总开设课程的15.63%。社区心理学的原则要求重新审视心理学传统观念，强调研究和行动。社区的研究与行动是研究者、实践者和社区成员之间的积极合作，强调人的能力和问题最好在社会、文化和历史环境中来理解。因此，导论类课程不仅介绍了该领域的基本问题、原则、历史背景、概念和方法、价值以及政策，而且要求学生通过社区实践了解社区原则的应用，进行体验式的学习。

1. 前置课程要求

共有6门导论课程有前置课程要求。需要完成普通心理学、统计分析与研究方法等课程；有两门课程附加规定在不满足前置课程要求的情况下，修习者在得到任课老师允许后也可修这门课程。

2. 课程目标

导论类课程目标大多设置为帮助学生理解心理学理论和原则并将这些理论知识应用到社区生活中，课程目标明确分为理论和技能两方面。

理论方面：要求学生了解社区心理学的概念、原则、研究方法、发展历史、价值问题等社区心理学基本内容；了解社区心理学和其他心理学分支学科及社会工作的差异；从社区层面识别和分析社会问题产生的原因；了解社会、文化和环境因素对个体和社区健康的影响；理解多层次的影响和干预；探索人和环境的关系，思考改善这种关系的方法；分析社区心理学的心理—政治基础；了解社区心理学家所扮演的各种角色等。

技能方面：要求学生分析社区问题和设计可能的预防方案；应用所学知识针对社区中的问题进行案例研究与分析；提出针对社区个体服务的方案；设计评估干预和预防有效性的项目。此外，提供社区服务机会，使学生通过参与式学习更好地理解社区心理学的原则。

3. 课程内容

主要包括四个方面：概论、研究方法、理解社区，以及社区心理学展望。

概论主要包括：社区心理学的界定、基本假设、目标与核心价值；历史、起源与发展；社区心理学家及其理论；人与情境；生态学水平分析等。

研究方法包括社区研究的目标，质性、量化研究和参与式行动研究等研究方法。其中，质性研究方法是重点内容。

理解社区是该类课程的主体内容，包括理解民族和文化问题、理解社区组织和行动、理解社区人群、理解社区和社区变迁，以及理解社区健康问题和应对。

（1）从社区层面理解民族和文化问题包括种族歧视与压迫、种族和多样性、不同文化中的自我观、文化和民族认同、民族治疗与干预、个人主义与社群主义，以及移民问题。此外，从社区层面理解文化和民族问题的解决也涉及解放和压迫以及社会政策等内容。

（2）理解社区组织包括建立社区联盟、理解社区激进主义。具体的社区行动包括社区心理健康服务、健康和健康护理、健康教育等机构的设置。

（3）理解社区中的个体包括儿童、青少年、老人、无家可归者等特定群体，与这些个体相关概念包括社区感、社区叙事、社会资本以及多样性等。

（4）理解社区和社会变迁包括社区公民参与和授权以及评估社区干预方案。

（5）理解社区健康问题与应对包括预防问题行为的发生和增强社会能力，关注能力的培养以及预防和促进，理解情境中的应对方式包括社会支持、互助组织、建立精神信仰、心理健康与压力应对以及复原力（resilience）等内容。

社区心理学展望主要包括社区和社区变迁，展望未来的社区、虚拟社区以及其他非传统社区等。

导论类课程除了涉及相关理论内容，还会从社区层面探讨一些社会问题，包括无家可归、儿童虐待和忽视、青少年怀孕、药物滥用、性健康、青少年犯罪、学业失败、贫穷、移民、家庭暴力、种族与压迫等内容，着眼于更好地理解和解决这些问题。需要指出的是，关于理解民族问题只有少数几门课程涉及，其他内容在导论类课程中均有介绍。

4. 参考书目

导论类课程教材的《社区心理学：联结个体和社区（第二版）》（Dalton，Elias，& Wandersman，2007）[①]，在参考书目中共提到 12 次，是最广泛使用的参考书。Duffy 和 Wong（2003）的《社区心理学（第三版）》，共提到 3 次；Rudkin（2003）的《社区心理学：指导原则和相关概念》和 Rappaport（1977）的《社区心理学：价值、研究和行动》均提到 2 次。Levine，Perkins 和 Perkins（2005）的《社区心理学原则：视角和应用（第三版）》和 Orford（1992）的《社区心理学：理论与实践》以及 Sarason（1974）的《心理社区感》均提及 1 次。

导论类课程中部分章节还推荐专门的参考书，如在介绍“责备受害人”（Blaming the Victim）中推荐了 Ryan（1971）的《野蛮发现的艺术：如何责备受害人》。社区行动主义推荐 Alinsky（1971）的《激进分子规则》。压迫一节推荐 McIntosh（1989）的《白色特权：拆开隐形的背包》。社区心理学导论和历史、社区心理学研究、压制和多样性的理解和责怪受害者几节均推荐 Kotlowitz（1991）的《这里没有儿童》。在介绍不同社区类型的应用时推荐了 Baumgartner（1988）的《郊区的道德秩序》，此外，还推荐了 Jonathan（1995）的《可贵的恩赐：儿童生活和国家良心》，该书介绍了一个贫穷城市不同类型的社区，以及是否可以改变这种状况，此书在另一门导论

---

① 该书作者 James H. Dalton 致力于人类多样性和社会公正的社区/社会变革，其所在的布卢斯堡大学设立有社区研究和咨询中心，开设了“社区心理学”课程和社区健康专业化项目；Maurice J. Elias 所任教的罗格斯大学开设了“社区心理学”和“社区心理学和社区心理健康”两门课程，提供应用心理学和社区心理学实习项目。Abraham Wandersman 所任教的南卡罗来纳大学建立了教养与家庭研究中心，开展了解和促进家庭、学校和社区儿童健康的研究，设有“社区心理学”和“社区心理学实习”课程，博士教学提供了临床—社区项目。

课程中介绍贫困时也有提及。在让社区生活变得更好/增强社区生活一节，针对社区原则的改变以及让理想的社区成为现实推荐了 Putnam，Feldstein 和 Cohen（2004）的《更好的合作：重建美国社区》，这是一本关于美国社区建设的故事集。预防方案一章推荐 King 和 Hunter（2004）的《每况愈下：与男人睡觉的黑人“直男”的生活旅程》，该书在社区心理学导论类课程中共推荐过 2 次。在介绍种族歧视和压迫与解放心理学时，推荐了 Friere（1971）的《被压迫者的教育学》。多样性一节推荐 Kelly，Azelton，Burzette 和 Mock（1994）的《创造多样性的社会环境：一个生态命题》。

此外，实践和实习课程讨论推荐 Baird（1996）的《实习、实习课、实地指导手册：援助专业指导（第四版）》，帮助学生更好地进行社区服务实践工作。

（二）专题类课程

专题类课程的内容包括社会公平、社会问题解决、无家可归、人权、社区健康、预防科学和质性研究方法等，可大致分为社区问题与预防和社区研究与行动两类，课程名称如表 1 所示。

表 1　本科社区心理学专题类课程

类别	开设课程	数量
社区问题与预防	社会心理学研讨：解决社会问题	1
	丰裕中的贫穷：无家可归及如何解决	1
	当前的心理学问题	1
	社会公平心理学	1
	环境心理学	1
	人类发展和组织的发展	1
	社区心理学与健康	2
	预防科学和社区心理学导论	1
社区研究与行动	社区心理学研究	1
	高级质性研究方法或民族志和行动研究	1
	社区研究和行动计划	1
	人权、宣传与行动	1
	在应用、学校及社区心理学中的专题与实习	1

1. 前置课程要求

社区心理学专题类课程通常要求修过导论类课程作为基础。在本文所搜集的资料中，仅 1 门（社区心理学与健康）明确声明前置课程要求，该课程要求修过“变态心理学”或“社会心理学导论”或 200 个课时的“社区发展与城市规划”。

2. 课程目标

专题类课程的目标因主题而异，总体上是从行动力的角度建构学生观察社区、解决社区问题的能力。

社区问题与预防类课程中，社区健康课程要求学生从社区心理学视角来看待与当代社会的健康和幸福有关的各类问题，理解社会、政治和经济因素以及预防、健康促进的不同方法与应用；技能方面要求学生熟悉与社区相关工作的技能以及设计社区干预评估方案。无家可归课程要求学生参与无家可归街道的调查评估，思考无家可归的原因和对策。预防科学课程要求学生了解预防科学的理论、实践应用以及如何有效地实施预防干预方案等问题。社会问题解决课程要求学生了解社会问题界定、方法、价值、伦理、障碍以及多大程度上能够解决社会问题；了解在解决社会问题中个人的角色。社区环境课程要求学生学习社区环境的相关研究和理论，了解在建筑、健康促进、设施管理、教育和城市设计等方面的实际应用。社会公正课程要求学生了解社会公正的基本原则；批判地分析种族主义、阶级歧视、宗教压迫、性别歧视等问题；理解个人特权以及如何利用自己的特权来帮助改善社会不公；分析不平等不公正的产生原因以及如何建立一个更加平等公正的社会。

社区研究与行动类课程主要涉及关于社区的研究方法与整体上的行动。该类课程要求学生在社区研究中，使用多种方法进行研究，学习如何系统地从一个想法到研究问题和从研究问题到研究设计的过程；了解各种类型的研究设计和方法特别是质性研究伦理、范式，数据分析方法；要求学生进行参与式行动研究；学会使用质性和量化数据以及不同类型的项目评估；学会用民族志研究方法，进行数据采集、分析，完成民族志研究等。人权、宣传与行动课程要求学生从社区角度分析人权问题，了解联合国公约和其他人权组织。

3. 课程内容

社区问题与预防类课程内容一般都包括社区心理学引论，但重点是各专题的独特内容。

社区健康课程特别关注如何为儿童、青少年和弱势群体建立社会化机构，通过预防、环境改变和公众政策等方式，来寻找改善社区心理健康的方法。其内容包括：对健康的社会决定因素的理解；健康不平等；健康的城市运动及其批判；社会支持和健康自助团体；压力与应对；社会支持和弹性；预防和健康促进；组织变革等。

无家可归课程内容可归纳为五个问题：无家可归的人是谁？无家可归的问题有多大？无家可归的原因？如何结束无家可归？城市怎样可以处理得更好？具体包括：无家可归的本质与类型、群体特点；产生的原因；措施及对策方面包括避难所、避难所补贴、支持性住房等。

社区预防课程内容包括：不良童年经历对成人健康和幸福的影响；以生态学视角理解环境中的个体；预防和促进的概念与应用；不同阶段儿童问题的预防；理解和促进心理弹性；预防青少年酗酒、药物滥用；社区暴力与预防；预防科学和社区心理学的未来等。

社会问题解决课程内容包括：社区问题解决的伦理、原则、方法和价值等；领导和行动；宣传和促进；组织、社区以及全球改变原则的应用等。

环境心理学课程内容包括：环境心理学的起源、定位和范围；系统理论、生态学和多层次水平分析；环境的交互过程：解读环境、评估环境、在环境中采取行动以及应对环境；行为研究在社区规划与环境设计中的应用包括创建宜居城市、设计有效的公共空间、邻里设计、虚拟环境等。

社会公正课程内容包括：社会公正的界定；压迫与特权、种族主义、移民问题、阶级歧视、宗教压迫、性别歧视、残疾人歧视等。

社区研究与行动类课程主要涉及关于社区的研究方法与整体上的行动。该类课程除了介绍系统的研究过程和社区行动，还针对不同主题有不同的侧重。

社区心理学研究的课程内容包括：发展研究问题，选择适当的研究方法；评估逻辑模型；需求评估和项目评估；参与式行动研究；质性研究方法（数据搜集和分析，研究伦理等）。

质性研究方法课程的内容包括：认识论问题、研究伦理、民族志、参与式行动研究以及焦点小组法；运用有关方法进行编码和分析等。

在应用、学校及社区心理学中的专题与实习课程内容包括：理解作为实习生的角色；理解初始客户与员工联系；多层次地评估个体和组织以及搜集信息；认识危机中的个体、家庭和组织；在人和制度中建立变化。

人权、宣传与行动课程内容包括：人权的学习和工作；宣传和行动的方法；世界人权宣言；普遍主义和相对主义的比较；人权中的经济和社会权利；土著居民和自我决定权利；儿童权利；妇女不平等现象；残疾人权利公约；移民，迁移和收容所；人口贩卖和现代奴隶制；服从与严重侵犯；酷刑、非人道；种族灭绝；战争与反战；人道主义；联合国和非政府组织的全球参与；人权科学等。此外，在人权工作中强调采用跨学科的方法，特别关注偏见、权威服从、利他主义以及社区人权的研究和行动等。

4. 参考书目

社区健康专题推荐 Rudkin（2003）的《社区心理学：指导原则和相关概念》和 Dalton, Elias 和 Wandersman（2007）的《社区心理学：联结个体和社区（第二版）》以及 Elias, Arnold 和 Hussey（2002）编写的《EQ + IQ = 智慧和关怀学校最好的领导实践》；无家可归推荐 Hopper（2003）的《无家可归问题的处理》；社会问题解决涉及的参考书是 David（2004）的《如何改变世界：社会企业家和新思想的力量》，Dass 和 Gorman（1985）的《我如何帮助？服务的故事和反思》等；社区环境包括 Hall（1966）的《隐藏的维度》，Lynch（1960）的《城市的形象》，以及 Whyte（1980）的《小城市空间的社会生活》；社会公平推荐 Adams 等人（2000）的《多样性与社会公平读物》。

高级质性研究方法或民族志和行动研究专题推荐 Camic, Rhodes 和 Yardley（2003）的《心理学的质性研究：方法与设计的扩展视角》，该书为社区研究与行动类专题课程的主要参考用书。此外，还推荐了 Emerson, Fretz 和 Shaw（2011）的《民族志的田野笔记》，Davis（1993）的《分三次讲述的故事：女权主义、后现代主义和民族志的责任》，Lauffer（2010）的《理解你的社会机构》，Brendtro 和 Brokenleg（2009）的《危险中青少年再生：我们未来的希望》。

（三）教学方式

本科课程主要分为混合模式和研讨会两种形式。

混合模式是主要的课程形式。该形式混合了讲课、小组讨论、课堂参与、视频和电影放映，以及邀请专家到课堂进行讲解等多种形式。讨论内容主要分为两方面，一方面包括与学生个人所进行的社区服务结合起来的讨论；另一部分是讨论社区心理学的理论知识，包括社区心理学的界定、起源和价值，研究目的和研究方法等。

混合模式课程还会放映电影或视频。社区心理学起源、历史与发展的相关电影有《点燃》和《社区心理学范例》；研究设计与研究方法音频《口述历史的中心》和视频《致命的欺骗》；多样性有关的是《碰撞》；市民参与和授权的电影为《潜在的威胁》和《保卫我们的生活》；社区组织和激进主义有关的《民主承诺：索尔·阿林斯基和他的遗产》；移民主题的《苏丹迷途男孩》等。预防主题的电影《一点儿预防》在所搜集的课程当中共提到了4次。

导论类课程中有2门课程，专题类课程中有1门课程采用研讨会形式。在研讨会课程中，讨论的主题广泛，例如，社区心理学的界定、价值、历史发展和理论，社区心理学研究设计与方法；社区研究的问题和分析水平，压力与应对，预防和健康促进，社会变革，社区感和社会资本，社会支持和健康自助团体，授权哲学和政治本质等内容。讨论要求学生先进行规定内容的阅读并写出阅读后的想法与问题，而后在课上进行讨论。

不论是研讨会，还是混合模式课程，所有课程都包括社区服务实践。此外，在课堂中也会穿插学生呈现社区预防方案报告、分享实习收获报告等参与式学习活动的成果。

（四）教学评估

教学评估包括课程参与、测验、社区服务实践活动以及课程论文。其中学生课程参与包括学生上课情况、课前指定内容的阅读和讨论、积极参与课堂活动及参与的质量。测验包括多选、正误、填空、匹配、简答和定义等题型，内容覆盖参考书、讲课材料、阅读材料和视频等课上内容。

社区服务实践活动包括社区实践以及课堂展示。大部分课程社区服务时间要求为15～20小时，包括参与社区事务、组织社区活动、采访社区服务项目负责人和政策制定者等内容。此外，学生要把服务过程中的想法、观察、经历、活动的日期和时间等记录下来，老师帮助学生整合心理学原则与社区服务体验。社区服务的内容与反思会在课堂上进行分享。

课程论文主要分为两类：实践活动类和研究类论文。实践活动类论文要求学生对所在的社区组织进行简要描述，包括组织目标、针对的人群、面对的挑战、举办的活动、社区心理学理论知识的应用，以及学生实习者在该组织中的角色等，并对社区服务实践活动进行反思和分析。可以用第一人称来写，不需要额外查阅文献。研究类论文目的是通过一个社区现象或具体的关于社区心理健康、无家可归等社会问题的研究计划或干预措施，将社区心理学理论知识与社区服务实践联系起来。要求学生选择一个感兴趣的社区问题（辍学，虐待儿童，青少年自杀，无家可归等）进行探究。

二　社区研究与行动学会介绍的研究生课程

在SCRA网站上，研究生（硕士、博士）项目分为3个方向，包括社区心理学、临床/咨询－社区心理学和跨学科社区行动与预防。其中，共有33个学校提供了34个硕士项目，1所院校提供了2个硕士项目；38所学校提供了44个博士项目，6所院校分别提供了2个博士项目。另外，有9所学校既提供硕士项目又提供博士项目。在所搜集的资料中，提供研究生（硕士、博士）社区心理学相关课程大纲的院校共21所，包括美国18所，澳大利亚2所，加拿大1所，共开设28门相关课程，这些课程可分为三类：社会政策、社区研究和评估，以及社区专题与干预。

（一）社会政策类课程

社会政策类课程共开设2门，名称为“社会政策、法律和儿童福利”和“应用心理学与公共政策”。探讨公共政策问题，关注儿童发展、家庭关系、干预和预防的研究和理论，以及相关理论在法律、政策和儿童福利内容中的应用。

1. 课程目标

该类课程旨在使学生了解公众政策和法律对儿童和家庭的影响，了解家庭研究和社会科学，以及政策和法律之间的关系。重点关注促进儿童、家庭福利的心理健康的干预方法以及家庭暴力的预防和干预。理解政策和政策制定过程以及心理学家在政策制定中所扮演的多重角色，能够批判地分析现有政策并协助制定新政策。

2. 课程内容

社会政策类课程的课程内容包括家庭法律，儿童监护权，儿童虐待和家庭暴力，寄养与收养，儿童或青少年和法庭（例如儿童作为目击者），青少年的能力（例如做出决策），公共政策的问题与障碍，心理健康政策，合法与社会平等，社会政策信念，《联合国儿童权利公约》，少年司法与暴力，儿童教育和保护政策，儿童福利和健康，涉及政策和法律的临床问题等。

3. 参考书目

社会政策推荐的参考书为 Bottoms，Kovera 和 McAuliff（2002）的《儿童、社会科学和法律》，Nurcombe 和 Partlett（1994）的《儿童心理健康和法律》。

（二）社区研究和评估类课程

社区研究和评估类课程是向学生介绍在社区心理学中进行研究的各种方法，包括准实验、相关研究和自然观察研究等。在所搜集的资料中，共7门相关课程，分别为高级质性研究方法/民族志和行动研究、生态评估、项目评估、社区心理学研究、研究方法 I，以及评估的理论与方法，偏向研究方法和社区评估方法两大类。

1. 先修课程设置

生态评估课程要求学生完成研究方法和统计课程或得到老师的许可才可选修。

2. 课程目标

研究方法课程要求学生掌握民族志、观察法等研究方法。质性研究方法包括了解质性研究的不同取向、伦理、科学范式、设计、抽样问题、质性访谈和观察、搜集、分析、记录质性数据。能够建立参与式研究关系和流程框架，包括研究目的、问题或假设、确定研究方法、收集和分析数据、向社区相关人员沟通和反馈结果。量化研究方法的重点是要求学生对数据进行数值计算的设计，掌握项目逻辑模型的构建。要求学生能够使用以上这些方法，进行民族志的撰写等工作。

评估课程分为两部分，一部分集中于评估的方法，强调“如何去做”以及学习不同评估方法的优缺点。学生要了解项目评估领域的主要方法和问题，包括需求评估，评估的过程和结果，研究方法和设计，评估者的角色，以及评估研究的伦理和政治问题；另一部分着重于理论，要求了解主要的评估理论及其方法（授权、第四代建构主义、功利主义、后实证主义）。此外，社区心理学的生态导向致力于理解个体与社会背景之间的相互关系，评估人与环境之间的交互作用，包括聚焦个人的态度或特征（对所感知环境测量、人口普查数据）、生态单元的重要特征等。最后，要求学生通过社区实践来学习评估。

3. 课程内容

研究方法课程内容包括：研究设计，研究问题到数据分析，量化研究设计及分析，质性研究设计及分析等。其中，量化研究方法包括数据类型、频率和相对频率分布，介绍 SPSS，百分位数和 Z 分数，假设检验，相关，线性回归，多元回归，方差分析，非参数检验等。质性研究方法和行动研究课程内容包括认识论问题、研究伦理，具体的方法如民族志、参与式行动研究、焦点小组等。

项目评估内容包括：评估的概述，评价理论和理论家，与利益相关者的工作，评估需求、资源和资产，项目理论、逻辑模型和可评估性的评定，程序流程和实施，项目结果测量，质性评估，利用和知识迁移，政治和伦理的评估。

评估的理论和方法内容包括：课程评估的概览，在工作中存在的问题和实际问题，评估者在社会中的角色，形成性评价：监控项目，影响评估：设计结果评估，成本效益和成本效益分析，多元数据分析策略，需求评估和评估的定性方法。

生态评估的内容包括：生态评估界定，生态理论的评估示例，学校和儿童关照以及街区、工作场所等微系统，微系统援助。

4. 参考书目

研究方法推荐书主要有 Camic，Rhodes 和 Yardley（2003）的《心理学质性研究：方法和设计的扩展视角》，Emerson，Fretz 和 Shaw（2011）的《民族志的田野笔记》，Davis（1993）的《分三次讲述的故事：女权主义、后现代主义和民族志的责任》，Quinn（2002）的《质性研究和评估方法》；Punch（2013）的《社会研究导论：量化和质性取向》，Salkind（2004）的《给不喜欢统计的人的统计分析（第二版）》，Carver 和 Nash（2011）的《用 SPSS 进行数据分析》。

项目评估类课程推荐书为 Posavac（2015）的《项目评估：方法和案例研究》，以及 Rossi，Lipsey 和 Freeman（2003）的《评估：系统取向》。

（三）专题和干预类课程

专题和干预类课程共 20 门，其中，社区心理学、社区心理学与社会干预和社会生态学，分别开设了 4 门、3 门和 2 门。具体开设情况如表 2 所示。

表 2 社区专题和干预类课程开设情况

类别	课程名称	开设数量
社区专题	社区和组织变革	1
	乡村社区心理学	1
	社区实习	1
	社区心理学	4
	社区心理学：理论和方法	1
	社会生态学	2
	文化社区心理学	1
	社区心理学的基础	1
	生态社区心理学的历史和理论	1
	社区心理学的原则	1
社区干预	社区心理学和社会干预	2
	社区与预防干预	1
	组织与社区干预专题研讨	1
	基于实力为宗教和教育咨询：社区心理学取向	1
	儿童临床心理学家的角色变化：临床理论和方法应用创新	1

社区专题类课程除了社区心理学基本理论，还探讨了压力环境、支持性社会制度、个人和家庭福利之间的关系，通过与受影响的社区成员合作，优化个人幸福和社区发展等问题。此外，针对农村地区的工作和服务，农村社区建设的重要性问题进行介绍，包括农村社区的现状以及农村社区研究的方法。

社区干预类课程通过更深层次结构化的阅读，探索关于社区和预防干预的相关内容，所涉及的主题包括预防、促进、压力与应对、社会支持和社区心理健康。宗教、教育咨询将从社区层面解释在教育环境中的社会支持、能力提高等概念以及相关的社区心理学方法，关注学校教育干预的可持续性问题、儿童福利和社会服务等问题。

1. 前置课程要求

“社区与预防干预”与“社区心理学和社会干预”有前置课程的要求，要求修过社区研究方法（量化、质性研究）课程。

2. 课程目标

社区专题类课程要求学生了解社区心理学的基本理论和干预方法、压力应对与社会支持等内容并能够将这些理论知识与心理学和其他社会科学联系起来；充分认识到价值和伦理的问题；识别出现实生活中社区和组织变革的阻碍及克服障碍的方法；了解社会生态学的核心原则、主题以及生态学范式；思考人与环境之间的关系以及如何改善这种关系，能够运用所学的理论，参与社区并解决一个特定的社区问题，更好地进行社区服务的实践。

社区干预类课程要求学生了解社区和组织改变的原则以及社区组织发展、能力建设和管理方面的理论知识及实际运用；学习在社区组织、非营利组织、基层组织中的理论知识和技能；了解评估逻辑模型，与评估设计、实施和可持续性相关的问题；了解如何界定、设计、实施和传播所设计的干预措施，以及如何改进干预项目；学习社区干预中的伦理问题。

3. 课程内容

社区专题类课程内容包括：社区心理学概论；生态理论（社会生态理论的发展、指导原则、生态调查的分析）；社区发展和社会行动；多样性；公民参与和社区变革；授权概念与研究；社区感和社会资本；宣传和促进；个人品质；压力，应对和支持；自助团体；预防和促进；项目评估；各种社会问题的文化背景；学科与跨学科研究等内容。此外，还探讨了一些具体问题，例如：儿童早期干预、慢性心理疾病，宗教与社会政策，青少年健康和福利、福利改革；种族和文化多样性；贫穷和下层阶级；学校改革，学校废除种族隔离的社会干预；以及犯罪、失业；儿童虐待和忽视；家庭暴力、青少年怀孕等。

农村社区心理学课程内容包括：农村社区的现状，社区心理学家所采用的方法以及农村社区建设问题。

社会生态学课程内容包括：社会生态观点的核心原则和主题；介绍各

种学科的生态学范式；社会生态学和系统理论的概念和方法原则，包括相互依赖的概念、人与环境的多层次分析以及社区干预的背景；社会生态学的理论、研究项目和社区干预实例的分析。

社区干预类课程内容包括：社区预防与干预的相关理论、历史观点、价值观与研究方法；预防科学和社区科学；社区干预的道德伦理问题；儿童早期干预，青少年和成人的社区干预；青少年发展与能力增强；批判和解放心理学；生态和环境；创建可持续的组织变革；社区领导能力；压力、社会支持和自助或互助，社区心理健康；贫穷、种族主义和其他形式的压迫；社区项目的设计、实施、评估和可持续干预在教育环境中的应用，社会问题与积极改变模型；干预的实施和可持续性；项目评估等内容。

4. 参考书目

社区和组织变革所用的参考书是 Homan（2010）的《促进社区变革：让改变在真实世界中发生》；社区心理学课程推荐 Levine，Perkins 和 Perkins（2005）的《社区心理学原则（第三版）》，Scileppi，Teed 和 Torres（1999）的《社区心理学：心理健康的一种合理方法》；文化社区心理学课程推荐 Prinstein 和 Dodge（2008）编写的《理解同伴对儿童和青少年的影响》，以及 Wortley 和 Mazerolle（2013）编写的《环境犯罪学和犯罪分析》；社区心理学的基础课程推荐 Nelson 和 Prilleltensky（2010）编写的《社区心理学：追求自由和幸福》一书；社区心理学原则课程推荐 Albee 和 Gullatta（1996）的《初级预防工作》Berkowitz 和 Berkowitz（1990）的《当地英雄：美国英雄主义的重生》，以及 Homan（1999）的《游戏规则：社区变革的经验教训》。乡村社区心理学推荐 Stamm（2003）的《农村的行为健康护理：跨学科指南》，以及 Keys 和 Dowrick（2001）的《残疾人：授权和社区行动》；社会生态学推荐 Adams（2001）的《内容创意思考：奇思妙想指导》，Albert 和 Runco（1983）的《天才和卓越：创造和非凡成就的社会心理学（第二版)》，以及 Glaser 和 Strauss（2009）的《扎根理论的发现：质性研究策略》。

社区干预类课程推荐的是 Hall 和 Hord（2006）的《实现变革：模式、原则和陷阱》，Capponi（2003）的《超越疯狂的房子：疯狂的未来》，以及 Nelson 和 Prilleltensky（2010）编写的《社区心理学：追求自由和幸福》，DePree（1997）的《无权力的领导：在服务社区中寻找希望》，以及 Carlson 和 O'Neal-McElrath（2002）的《逐步获得承认》。

此外，社区心理学、社区心理学原则、为宗教和教育咨询及儿童临床心理学临床理论和方法应用的创新这四门课程均推荐了 Dalton，Elias 和 Wandersman（2007）的《社区心理学：联系个体与社区（第二版）》。

（四）教学方式与评估

研究生课程形式大部分为研讨课，但也有 4 门课程采用授课、课堂讨论和学生报告、展示自己的研究设计、阅读内容和干预方案等相结合的形式。课程要求主要包括阅读文献、社区实践、社区问题分析、干预方案设计、研究方案以及项目评估。此外，有的课程还会进行测验，就课程中的阅读和讨论内容进行干预方案分析。

研讨课要求学生轮流主持领导整个课堂，和老师共同制定讨论议程，向同学提出问题，确保每个人都有机会发言，总结讨论内容等。主持人在引导讨论过程中，要围绕课程主题、联系所规定的阅读材料、达到阅读讨论的广度和深度，以及总结课堂内容。研究生教学强调学生的参与和讨论。每周会讨论 1 ~2 个话题，要求学生在课前进行课程相关内容的阅读，并把所思考的内容进行整理，对所阅读内容进行分析和批判性思考。可以关注所阅读内容的一个关键问题的提出或遗留下来未解决的问题及其理论、研究和行动的意义。

课程还邀请相关人士进行专题讲座、角色扮演活动等。例如，在社会政策类课堂上，要求学生假装自己是心理学“专家”，将自己的发现推荐给主审法官：解释问题及其如何与案件有关系，表述研究的结果、结论及局限，建议法官应该如何做等。

社区实践。要求学生进行社区服务并撰写某一特定社会问题的研究报告、预防干预方案或评估方案。社区实践项目包括在人力服务部门，与工作人员进行无家可归的协调工作；设计并执行护理人员的项目评估，为贫困家庭提供家庭管理和其他支持服务；帮助评估亲子关系的培训和支持计划等。此外，质性研究或民族志和行动研究要求学生进行至少 10 小时的民族志工作，并完成一项研究。

社会问题的生态分析要求学生对特定的社区问题或公共政策进行社会生态的分析，阐明其中的一个生态结构，讨论该结构与理论的关系，以及如何测量该结构。具体包括对所选择的环境或社区问题进行描述并说明该问题所具有的社会意义；为什么选择社会生态分析方法对该问题进行分析；其中潜在的政策含义是什么等内容。

干预方案要求学生选择问题区域，描述以社区为基础的预防干预和健康促进，对该问题方案如何进行设计、实施和评估；详细描述用于解决这些问题的社区干预措施，例如采用的干预措施类型，干预实施过程、步骤以及干预后评估；所选择问题或特殊人群相关的伦理问题。

专题研究论文要求学生对所选主题的文献进行回顾整理。包括关于清晰界定问题、提出研究假设、设计与实施研究、搜集统计分析数据、讨论、不足以及未来研究建议等。研究主题包括儿童福利、青少年犯罪、健康促进、疾病预防与干预、社区支持系统、宗教与公共政策等。

项目评估方案要求学生对涉及人和环境交互作用的内容进行评估。内容包括该项目的需求，如何选择对象或描述问题，项目要改变的目标及实施流程，计划使用的测量方法和数据收集过程，采用的评估设计和质性方法，评估人员的角色和责任。最后，根据课程反馈，修改评估项目进行实际测试，并根据结果与社区相关工作人员进行沟通。

课堂展示是要求学生在学期结束时展示所进行的社区干预方案和项目评估结果。例如，政策提案呈现要求学生提出一个新的或修订的政策，把班级作为众议院或参议院的小组委员会。呈现内容包括陈述所关注的具体问题；描述这个问题的社会、政治和历史因素，讨论解决问题的政策，回顾支撑提案的相关社会科学理论和研究，讨论潜在的障碍、政策的有效性、政策修订过程和程序等内容。

三　社区研究与行动学会介绍的博士后项目

博士毕业后的专业提升是社区心理学培养的构成部分，也是研究生教育的延伸。SCRA 共介绍了 16 个美国机构和组织提供社区心理学相关的博士后项目或奖学金，包括：宾州州立大学非洲研究中心；密尔沃基的艾滋病干预研究中心；亚特兰大疾病控制与预防中心：有色人种的艾滋病社区预防和预防有效性方法的两个项目；教育考试服务中心的项目；华盛顿 James Marshall 公共政策项目；亚利桑那州立大学的儿童预防研究项目；芝加哥职业心理学校的学术社区领导项目；耶鲁大学医学院药物滥用预防研究项目；新英格兰 Kip Tiernan 社会公正项目；华盛顿社会公正 Wellstone 奖学金项目；华盛顿健康护理公正项目；奥尔巴尼妇女和公共政策项目；哥伦比亚大学的“全球思维委员会”项目；费城高等教育社区发展联盟的凯洛格健康学者计划项目；福特基金会的奖学金项目。

以上博士后项目有的到本文综述时仍然在运行，可以进行申请。具体包括：密尔沃基的艾滋病干预研究中心；亚特兰大疾病控制与预防中心的预防有效性方法项目；教育考试服务中心的项目；华盛顿 James Marshall 公共政策项目；芝加哥职业心理学校的学术社区领导项目；奥尔巴尼妇女和公共政策项目；福特基金会的奖学金项目。

四 总结

社区心理学不再是以个人为中心，而是在生态学水平上思考问题，将研究重点由个体内部的心理要素、心理结构转向人与外部环境之间关系的协调力，阐述研究内容的多样性。社区心理学是实践应用与学术研究并重的学科，其最终价值目标是在社会文化背景中全面理解个体的行为，消除给社区生活带来问题的压制的社会条件，促进个人层面、集体层面和人际关系层面的健康和幸福（Prilleltensky，2008）。社区心理学与其他学科、非专业人员的合作态度，决定了其研究方法的多样性（Maton，Perkins，& Susan，2006），包括参与观测法、个案研究法，但也不忽视定量观测法，也会用实验法（王广新，2008）。这两种多样性使域外社区心理学教学内容、形式灵活多样，形成了完整有效的体系。主要体现在以下几个方面。

（1）理论与能力并重。在知识普及方面，社区心理学课程体现出特色与系统建设并存的特点，各学校的教学内容具有差异化。有的学校只强调社区的某一方面，例如，杜克大学仅强调社区层次的预防干预；而有的学校学科体系完整，例如，加州大学洛杉矶分校，其课程涉及导论、评估、社区少数民族、儿童家庭、社区咨询、预防干预、政策实习等多个方面。在技能培养与能力建设方面，不仅要求学生学习质性研究、量化研究、参与式研究等研究方法，还要求学生参与社区服务，将理论知识应用于实践，进行项目评估、设计预防干预方案，以认识和解决社区问题。此外，为更好地进行社区专业人员的培养，还设置了一些与社区相关的研究生项目和博士后奖学金项目来专门进行社区高级技能和能力的培养。

（2）学校与社区的整合。体现在社区心理学相关课程均要求进行社区相关的实习，参与社区发展的培养项目。例如，在人力服务部门，与工作人员一起做无家可归的协调工作；为贫困家庭提供家庭管理和其他支持服务；帮助评估亲子关系的培训和支持计划等。此外，课程还规定服务时间，一般为 15～20 小时，其中，质性研究或民族志和行动研究要求学生进行至少 10 小时的民族志工作。

（3）根植于文化。无论是解决社区现有问题，还是理解社区，都是根植于本地的制度和文化背景。例如，开设有关聋人社区、非裔与亚裔美国人、种族民族、多元文化等社区主题课程。根植于文化背景，还表现为教学参考资料的多样性和丰富性，这有助于学生全面深刻理解该社区主题。

（4）多学科多方法整合。社区心理学的方法重视与邻近学科的交叉互补，例如，生态学，要求学生对某一社区问题进行生态分析。环境心理学，从环境心理学角度看待社区建筑、邻里设置等社区环境。多方法整合还表现为社区心理学重视质性研究、参与式行为观察和个案研究，但同时也不忽视量化和实验的方法。在教学中注重综合运用多学科、多方法的整合，以更好地理解社区和解决社区问题。

此外，综合 SCRA 网站教学资源和 QS 50 院校的信息发现，域外社区心理学开设单位地理分布呈现美国院校居多的特点。不管是本科的教育还是研究生的教育，美国院校所开设的社区心理学相关课程占总开设课程的一半以上，所开设的社区心理学相关课程也最系统。在社区心理教学单位中，又以心理学专业为主。心理学专业 QS 50 院校中有 47.1% 开设社区心理学相关课程，主要集中于心理学院系。

由于本文采用被动采集数据的方式，对于本科生和研究生项目（硕士、博士）的社区心理学课程的介绍，主要来自于已公开课程大纲的院校，不能完整反映域外社区心理学教学的全貌。那些未公开教学大纲的院校，尚有待进一步考察。可给相关单位去函，主动索取有关课程建设信息，深化对域外社区心理学教学体系的认知。

总的来看，本文对有关社区心理学的教学内容和课程体系的介绍，反映了域外社区心理学发展的重要特点：社区研究与行动对人才培养提出了要求，同时也提供了丰富的教学素材；而教学上对理论研究和社区服务的共同重视，则有利于构建较完善的培养体系，以高质量的教学响应社区研究与行动的要求，两方面在互动中推进学科的良性发展。

参考文献

以"＊"打头的文献，是有关课程大纲中推荐的阅读材料。

黄希庭．（2015）．心理学如何为社区发展服务．*社区心理学研究*，*1*（1），2－3.

贾林祥，拾硕．（2015）．社区心理学及其研究转向．*江苏师范大学学报（哲学社会科学版）*，*41*（4），147－152.

王广新．（2008）．西方现代社区心理学述评．*吉林师范大学学报（人文社会科学版）*，*36*（3），90－93.

杨莉萍，D. D. 珀金斯．（2012）．中国大陆社区心理学发展的现状、困难与机遇．*华东师范大学学报（教育科学版）*，*30*（2），48－56.

＊Adams, J. L.（2001）. *Conceptual blockbusting*: A guide to better ideas. New York, U. S.: Basic Books.

＊Adams, M.（2000）. *Readings for diversity and social justice*. Hove, U. K.: Psychology Press.

＊Albee, G. W., & Gullotta, T. P.（1996）. *Primary prevention works* (Vol. 6). California EU: Sage Publications.

＊Albert, R. S., & Runco, M. A.（1983）. *Genius and eminence: The social psychology of creativity*. New York: Oxford University Press.

＊Alinsky, S. D.（1971）. *Rules for radicals*. New York: Random House.

＊Baird, B. N.（1996）. *The internship, practicum, and field placement handbook: A guide for the helping professions*. Englewood Cliffs, NJ, US: Prentice-Hall.

＊Baumgartner, M. P.（1988）. *The moral order of a suburb*. New York: Oxford University Press.

＊Berkowitz, B., & Berkowitz, W.（1990）. *Local heroes: The rebirth of heroism in America*. North Carolida, U. S.: Lexington Books.

＊Bottoms, B. L., Kovera, M. B., & McAuliff, B. D.（2002）. *Children, social science, and the law*. Cambridge, U. K.: Cambridge University Press.

＊Brendtro, L., & Brokenleg, M.（2009）. *Reclaiming youth at risk: Our hope for the future*. San Diego, CA, U. S.: Solution Tree Press.

＊Camic, P. M., Rhodes, J. E., & Yardley, L. E.（2003）. *Qualitative research in psy-*

chology: Expanding perspectives in methodology and design. Washington, DC, US: American Psychological Association.

* Capponi, P. (2003). *Beyond the crazy house: Changing the future of madness.* London, U. K.: Penguin.

* Carlson, M., & O'Neal-McElrath, T. (2008). *Winning grants step by step* (Vol. 4). New Jersey, U. S.: John Wiley & Sons.

* Carver, R. H., & Nash, J. G. (2011). *Doing data analysis with SPSS: Version 18. 0.* Boston, U. S.: Cengage Learning.

Dalton, J. H., Elias, M. J., & Wandersman, A. (2007). *Community psychology: Linking individuals and communities.* Belmont, CA: Wadsworth Pub Co Press.

* Dass, R., & Gorman, P. (1985). *How can I help? Stories and reflections on service.* New York: Knopf.

* David, B. (2004). *How to change the world: Social entrepreneurs and the power of new ideas.* New York: Oxford University Press.

* Davis, S. (1993). *A Thrice Told Tale: Feminism, Postmodernism & Ethnographic Responsibility.* Stanford, California: Stanford University Press.

* De Pree, M. (1997). *Leading without power: Finding hope in serving community (Vol. 400).* San Francisco, CA, US: Jossey-Bass.

* Duffy, K. G., & Wong, F. Y. (2003). *Community psychology (3rd ed.).* Boston: Allyn & Bacon.

* Elias, M. J., Arnold, H., & Hussey, C. S. (Eds.). (2002). *EQ + IQ = best leadership practices for caring and successful schools.* California, U. S.: Corwin Press.

* Emerson, R. M., Fretz, R. I., & Shaw, L. L. (2011). *Writing ethnographic fieldnotes.* Chicago: University of Chicago Press.

* Freire, P. (1971). *Pedagogy of the oppressed.* New York: Harper & Row.

* Glaser, B. G., & Strauss, A. L. (2009). *The discovery of grounded theory: Strategies for qualitative research.* New Jersey, U. S.: Transaction publishers.

Glenwick, D. S. (1988). Community psychology perspectives on delinquency. *Criminal Justice and Behavior: An International Journal, 15* (3), 276 - 285.

* Hall, E. T. (1966). *The hidden dimension.* New York, NY, US: Doubleday & Co.

* Hall, G. E., & Hord, S. M. (2006). *Implementing change: patterns, principles, and potholes.* Boston: Allyn & Baeon.

* Homan, M. (2010). *Promoting community change: Making it happen in the real world.* Nelson, New Zealand: Nelson Education.

* Homan, M. S. (1999). *Rules of the game: Lessons from the field of community change.* California, U. S.: Brooks/Cole Publishing Company.

* Hopper, K. (2003). *Reckoning with homelessness.* New York: Cornell University Press.

* Jonathan, K. (1995). *Amazing grace: The lives of children and the conscience of a nation.* New York, HarperPerennial.

Kelly, J. G. (1971). Qualities for the community psychologist. *American Psychologist, 26* (10), 897-903.

* Kelly, J. G., Azelton, L. S., Burzette, R. G., & Mock, L. O. (1994). *Creating social settings for diversity: An ecological thesis.* San Francisco, CA, US: Jossey-Bass.

* Keys, C., & Dowrick, P. W. (2001). *People with disabilities: Empowerment and community action (Vol. 21, No. 2).* Hove, U. K.: Psychology Press.

* King, J. L., & Hunter, K. (2004). *On the down low: A journey into the lives of "straight" black men who sleep with men.* New York, U. S.: Harmony.

* Kotlowitz, A. (1991). *There are no children here: The story of two boys growing up in the other America.* Illinois, U. K.: Anchor.

* Lauffer, A. (2010). *Understanding your social agency (Vol. 3).* California EU: Sage Publications.

Levine, M., Perkins, D. V., & Perkins, D. D. (2005). *Principles of community psychology: Perspectives and applications (3rd ed.).* New York: Oxford University Press.

* Lynch, K. (1960). *The image of the city (Vol. 11).* Cambridge, U. S.: MIT press.

Maton, K. I., Perkins, D. D., & Susan, S. (2006). Community psychology at the crossroads: prospects for interdisciplinary research. *American Journal of Community Psychology*, 38 (1), 9-21.

* McIntosh, P. (1989). *White privilege: Unpacking the invisible knapsack.* New York, U. S.: Peace and Freedom.

* Nelson, G., & Prilleltensky, I. (Eds.). (2010). *Community psychology: In pursuit of liberation and well-being.* London, U. K.: Palgrave Macmillan.

* Nurcombe, B., & Partlett, D. F. (1994). *Child mental health and the law.* Maxwell Macmillan, Canada: Free Press.

* Orford, J. (1992). *Community psychology: Theory and practice.* Oxford, UK: Wiley-Blackwell.

Perkins, D. D. (2009). International community psychology: Development and challenges. *American Journal of Community Psychology, 44* (1), 76-79.

* Posavac, E. (2015). *Program evaluation: Methods and case studies.* Abingdon-on-

Thames, U. K. : Routledge.

Prilleltensky, I. (2008). The role of power in wellness, oppression, and liberation: The promise of psychopolitical validity. *Journal of Community Psychology*, *36* (2), 116 – 136.

* Prinstein, M. J. , & Dodge, K. A. (Eds.). (2008). *Understanding peer influence in children and adolescents.* New York, U. S. : Guilford Press.

* Punch, K. F. (2013). *Introduction to social research: Quantitative and qualitative approaches.* California EU: Sage Publications.

* Putnam, R. D. , Feldstein, L. , & Cohen, D. J. (2004). *Better together: Restoring the American community.* New York: Simon & Schuster.

* Quinn, P. M. (2002). *Qualitative research and evaluation methods.* California EU: Sage Publications Inc.

* Rappaport, J. (1977). *Community psychology: Values, research, and action.* San Diego, U. S. : Harcourt School.

Reich, S. , Riemer, M. , & Prilleltensky, I. , & Montero, M. (Eds.). (2007). *International community psychology: History and theories.* New York: Springer.

* Rossi, P. H. , Lipsey, M. W. , & Freeman, H. E. (2003). *Evaluation: A systematic approach.* California EU: Sage Publications.

* Rudkin, J. K. (2003). *Community psychology: Guiding principles and orienting concepts.* London, U. K. : Pearson College Division.

* Ryan, W. (1971). The Art of Savage Discovery: How to Blame the Victim. *In Blaming the Victim.* Pennsylvania, U. S. : Vintage.

* Salkind, N. J. (2004). *Statistics for people who (think they) hate statistics. second edition.* California EU: Sage Publications.

* Sarason, S. B. (1974). *The psychological sense of community: Prospects for a community psychology.* San Francisco, CA, US: Jossey-Bass.

* Scileppi, J. A. , Teed, E. L. , & Torres, R. D. (1999). *Community psychology: A common sense approach to mental health.* London, U. K. : Pearson College.

* Stamm, B. (2003). *Rural behavioral health care: An interdisciplinary guide.* Washington, DC, US: American Psychological Association.

* Whyte, W. H. (1980). *The social life of small urban spaces.* Washington: Conservation Foundation.

* Wortley, R. , & Mazerolle, L. (Eds.). (2013). *Environmental Criminology and Crime Analysis.* Devon, U. K. : Willan.

The Curriculum Teaching of Western Community Psychology

Li Ying, Bi Chongzeng
(Faculty of Psychology, Southwest University, Chongqing, 400715, China)

Abstract: Community psychology focuses on the relationship between individual and environment, emphasizing research and action. Supporting and advocating excellent and advanced education in community research and action is a challenging task. Recently, we faced the situation with building up an effective community psychology teaching system in China. In the process, we can learn a lot from western experience, since the community psychology teaching has developed several decades in Western countries. For this purpose, we introduced the teaching resources recommended by the Education Council, Society for Community Research and Action, which included not only undergraduate and graduate courses but the post-doctoral program, as well. We summarized the course prerequisites, objectives, content, required readings, teaching activities and requirements from the course syllabus. In conclusion, hoping to describe the curriculum of overseas community psychology as comprehensively as possible.

Keywords: Community Psychology Teaching; Community Psychology Course; Western Community Psychology

《社区心理学研究》稿约

本集刊由中国心理学会社区心理学专业委员会和重庆市人文社科重点研究基地心理学与社会发展研究中心联合主办，社会科学文献出版社出版。本刊实行匿名审稿制，每篇文章由两位专家审稿。设有基础研究、应用研究和域外动态三个基本栏目，主题涵盖：社区心理学理论研究、社区心理健康服务研究、社区氛围与认同研究、网络社区心理研究、社区老年人心理研究、社区妇女心理研究、家庭心理研究、社区生态心理学研究、社区组织管理心理学研究、社区改革的心理学问题研究、社区特殊人群的心理学研究、国外社区心理学研究、社区心理学教学模式及改革研究等。

投稿格式要求如下。

一、稿件提交：来稿需提交 Word 文档电子版，邮件发送到 sqxlxyth@163.com；或在线投稿，网址为 http://tyg.jikan.com.cn/。

二、文章字数要求：考虑到规范性与创新性，对稿件字数不作严格要求，建议每篇文章不少于 6000 字，不超过 1.5 万字，优质稿件不受字数限制。

三、作者与单位：出于匿名审稿的需要，文题后不给出作者与单位信息。需要在文章最后，专门用一页按顺序分行给出作者姓名，单位（单位名称、单位所在城市和邮政编码，三者之间用逗号分隔），基金资助信息（完整的基金名称、项目名称以及批准号），所有作者的简介，通讯作者的电子邮箱、电话。

四、文题、摘要和关键词：中文文题一般以 20 个汉字以内为宜。须附中、英文摘要。中文摘要不超过 300 字，置于正文之前；英文摘要 300 ~ 500 字，与英文文题、作者、单位信息、关键词一并置于文末。中英文关键词 3 ~ 5 个，每个词之间用逗号分隔。摘要二字之间隔一个汉字的字距。

五、正文：各级标题序号依次用一、（一）、1 作为一级标题，二级标题和三级标题。文中表格采用三线表。根据出现的顺序列出表（图）1、表（图）2 及其相应的名称等。表序及表名列于整个表上方正中间，图序和图名列于图下方正中间，如有表（图）注，列在表（图）的下方。

正文中引用的研究文献可以作为句子的一个成分，放在引用内容的前面，例如，张三和李四（2011）认为……；也可放在引用内容的后面，例如，……讨论了社区心理学服务于社会的三种基本途径（张三、李四，2011）。最多列出三个作者，中间用顿号（中文）或逗号（外文）分隔；超过三个作者的，后加“等”字或“et al.”。两个英文作者之间，用“&”符号隔开，例如：Lincoln & Guba，1985；如果是三个或三个以上作者，在“&”符号前的作者后应该有逗号，例如：Brodsky，O'Campo，& Aronson，1999。如直接引用他人的一段话，可另起一段，缩进两字，不加引号，用楷体。正文中注释采用脚注给出，用符号①、②……在文中标出，每页依序重新编号。

六、参考文献：执行 APA 格式的“作者—年份制”。中文文献在前，英文文献在后，按照作者姓氏字母顺序排列。详情可参考《美国心理协会写作手册》（第 6 版）。

请注意：中文文献的逗号、括号等标点符号用全角，连接号“—”为一字线；作者之间用逗号隔开，不用“&”符号。英文部分标点符号为半角，连接号“-”为半字线。不可混用。

英文文献，不管是两个或多个作者，都应该有逗号将作者分隔开，最后一个作者前用“&”符号，例如：Lincoln，Y. S.，& Guba，E. G.（1985）. *Naturalist inquiry*. Beverly Hills，CA：Sage. 再如：Brodsky，A. E.，O'Campo，P. J.，& Aronson，R. E.（1999）. PSOC in community context：Multi-level correlates of a measure of Psychological sense of community in low-income，urban neighborhoods. *Journal of Community Psychology*，*27*（6），659-679.

已有中文译本的英文文献，如果作者参考的是原著，则按英文文献处理；如果参考的是译著，则按照中文文献中的译著处理，其中作者译名、作品译名严格按照所参考译本上的版权信息，不再开列原著出版信息。不可在同一文献条目中将中文、英文混合排列。

七、数字：公历世纪、年代、年、月、日、时刻和计量均用阿拉伯数字。

八、字体要求：文题（小 2 宋体加粗）；作者（小 4 宋体加粗）；作者单位（小 5 宋体）；摘要与关键词（小 5 宋体，1.5 倍行距。摘要二字之间分隔一个汉字，关键词之间用逗号分隔，摘要和关键词这几个字字体加粗）；正文（5 号宋体，1.5 倍行距编辑；英文和数字均采用 Times New Roman 字体；图表为小 5 号宋体。一级标题 4 号宋体加粗，二级标题 5 号宋体加粗，三级标题 5 号黑体，四级标题 5 号宋体）；正文中直接引用他人的一段话（另起一段），字体采用 5 号楷体。“参考文献”四字居中，5 号宋体加粗；引用的各类参考文献字体为小 5 号宋体。脚注字体为 6 号宋体。文中的统计学符号采用斜体。

《社区心理学研究》编委会

2017 年 4 月

图书在版编目(CIP)数据

社区心理学研究. 第四卷 / 黄希庭主编. -- 北京 : 社会科学文献出版社, 2017.10
ISBN 978 - 7 - 5201 - 1451 - 6

Ⅰ. ①社… Ⅱ. ①黄… Ⅲ. ①社区服务 - 心理学 - 研究 Ⅳ. ①C916 - 05

中国版本图书馆 CIP 数据核字 (2017) 第 240054 号

社区心理学研究(第四卷)

主　　编 / 黄希庭

出 版 人 / 谢寿光
项目统筹 / 王　绯　黄金平
责任编辑 / 黄金平

出　　版 / 社会科学文献出版社 · 社会政法分社 (010) 59367156
地址: 北京市北三环中路甲 29 号院华龙大厦　邮编: 100029
网址: www. ssap. com. cn
发　　行 / 市场营销中心 (010) 59367081　59367018
印　　装 / 三河市尚艺印装有限公司

规　　格 / 开　本: 787mm × 1092mm　1/16
印　张: 14　字　数: 228 千字
版　　次 / 2017 年 10 月第 1 版　2017 年 10 月第 1 次印刷
书　　号 / ISBN 978 - 7 - 5201 - 1451 - 6
定　　价 / 58.00 元

本书如有印装质量问题, 请与读者服务中心 (010 - 59367028) 联系

版权所有 翻印必究